A GRAMÁTICA POLÍTICA DO BRASIL

Edson Nunes

A Gramática Política do Brasil

Clientelismo e Insulamento Burocrático

Prefácio de
Luiz Carlos Bresser Pereira

Prefácio à terceira edição de
Renato Lessa

terceira edição

Jorge Zahar Editor
Rio de Janeiro

Jorge Zahar Editor Ltda.
rua México 31 sobreloja
20031-144 Rio de Janeiro, RJ
tel.: (21) 2240-0226/fax: (21) 2262-5123
e-mail: jze@zahar.com.br
site: www.zahar.com.br

A primeira edição desta obra foi feita em co-edição com a
Fundação Escola Nacional de Administração Pública — ENAP
Diretoria de Pesquisa e Difusão

Edições anteriores: 1997, 1999

Capa: Sérgio Campante

CIP-Brasil. Catalogação-na-fonte
Sindicato Nacional dos Editores de Livros, RJ.

Nunes, Edson.
N972g A gramática política no Brasil: clientelismo e insu-
3.ed. lamento burocrático / Edson Nunes; prefácio Luiz Carlos
Bresser Pereira. – 3.ed.– Rio de Janeiro: Jorge Zahar Ed.;
Brasília, DF: ENAP, 2003.

Anexo
Inclui bibliografia
ISBN: 85-7110-384-4

1. Brasil – Política e governo. 2. Burocracia – Brasil.
3. Brasil – História. I. Escola Nacional de Administração
Pública (Brasil). II. Título.

CDD – 320.981
03-0641 CDU – 32(81)

O máximo de confusão somado ao máximo
de ordem: parece-me um cálculo sublime.

UMBERTO ECO, *O nome da rosa*

SUMÁRIO

Lista de Quadros & Tabelas

Nota do Autor

Desejo agradecer aos amigos, colegas e instituições que, de muitas maneiras, ajudaram a concretizar o presente livro. Sua versão original constituiu tese de doutoramento em ciência política na Universidade da Califórnia, Berkeley. Meu comitê de tese foi de inestimável importância. Giuseppe Di Palma representou um exemplo intelectual a ser emulado. Linda Lewin produziu comentários detalhados e impediu-me de cometer vários erros. David Collier, orientador, merece uma referência especial. É leitor impiedoso. Página após página, sentença por sentença, ofereceu comentários generosos e abundantes. A estrutura deste trabalho foi aperfeiçoada pelo seu competente entendimento do que eu estava fazendo e queria fazer. Sua insistência com a precisão, elegância e parcimônia foi de extrema valia.

Este texto beneficiou-se, em vários estágios, dos comentários de Albert Fishlow, Barbara Geddes, Ben Schneider, Emanuel Adler, Guillermo O'Donell, Jose Brakarz, José Lavareda, Leslie Armijo, Luiz Roninger, Maria Hermínia Tavares de Almeida, Renato Boschi, Roberto Da Matta, Ruth Cardoso, Simon Schwartzman. Marcia Bandeira contribuiu de maneira única para a realização deste trabalho. A estes colegas, o meu agradecimento.

Publico este livro na íntegra, anos após sua conclusão. O convite para publicá-lo veio de Luiz Carlos Bresser Pereira, a quem sou grato. Contraditório, o ministro Bresser Pereira. Convida-me a publicar o trabalho e, em seguida, torna-o desnecessário. Escreveu prefácio tão conciso e competente que bem poderia dispensar a leitura do livro.

Não fosse o talento de Lúcia Hippólito, esta tradução ainda manteria o jeitão de tese. Lúcia, além de brilhante tradutora, é atenta leitora e feroz crítica. Monica Grin foi de inestimável ajuda na produção do texto final.

Quando saí do Brasil em 1979 para o doutoramento, provisões administrativas e políticas vigentes impediam a concessão de bolsa e a viagem daqueles estudiosos suspeitos de infidelidade ideológica ao regime militar. Já naquele momento — e isto agravou-se com o passar dos anos —, não dispunha de apreciável taxa de fidelidade ideológica nenhuma, muito menos ao governo militar. Não fosse a decidida atuação de um conjunto de colegas, além da bolsa da Fundação Ford, eu não teria saído do Brasil. Devo esta oportunidade a Wanderley Guilherme dos Santos, Mário Machado, Edmundo Campos, César Guimarães, Gilberto Velho, Roberto Da Matta e Shepard Forman. Meu ingresso em Berkeley, após deixar a Universidade de Chicago, dependeu do apoio de Alexandre Barros, Howard Becker e David Collier.

O retorno a minha instituição de origem, Conjunto Universitário Candido Mendes, após valioso interregno no exterior e em postos governamentais, devo ao decidido e cordial apoio, à renovada confiança e ao acicate profissional e intelectual de Candido Antônio Mendes de Almeida.

Precisei registrar o passado nessa nota (Wanderley, Edson Luiz e Laura são laços atemporais). Quero encerrá-la, contudo, com uma visão otimista, esperançosa. Dedico este livro a Eduardo e Rafael. O futuro.

PREFÁCIO À TERCEIRA EDIÇÃO

A GRAMÁTICA POLÍTICA DO BRASIL, OU UMA BIOGRAFIA DO BRASIL REPUBLICANO

Coube a Luiz Carlos Bresser Pereira, no prefácio à primeira edição deste livro, a cunhagem de conciso e luminoso juízo a respeito do texto de Edson Nunes: "É uma das mais instigantes e originais análises da política brasileira." O comentário de Bresser, já idoso de seis anos, segue absolutamente pertinente. Suspeito que seja definitivo. Com efeito, o texto que deu origem ao livro, produzido como tese de doutoramento em ciência política, em Berkeley, no início da década de oitenta, mantém sua originalidade e sua capacidade incomum para interpretar a experiência institucional e civilizatória brasileira, a partir dos anos trinta.

Mas, antes de qualquer incursão textual mais detalhada, cabe a pergunta: de que *gênero*, afinal, se trata? Em outros termos, a que tradição analítica o exercício de Edson Nunes está, de algum modo, vinculado? A pergunta por certo não é técnica ou muito menos inocente. Olho ao meu redor e constato o impressionante progresso obtido, nas décadas recentes, no campo das ciências sociais brasileiras. Mas esse reconhecimento é como que travado pela percepção de que os avanços registrados dizem mais respeito a investigações sobre processos, instituições e, em uma palavra, fenômenos "locais" e específicos do que tentativas de síntese, de visão de conjunto ou de exercícios "épicos", para usar a expressão de Sheldon Wolin, capazes de instaurar novos conjuntos de fenômenos e novas etiologias.

As visões de conjunto, motivadas por grandes perguntas — quem somos, de onde viemos, para onde vamos, que futuro nos espera, entre tantas outras —, parecem ter sido relegadas às antigas artes do ensaísmo, um exercício intelectual movido por apostas, idiossincrasias e, com freqüência, desespero. O texto de Edson Nunes, a meu juízo, pertence a um gênero aparentado ao ensaísmo, no que este possui de ambição para tratar de grandes questões. Tal gênero pode ser denominado de "Interpretações do Brasil". Em termos mais diretos, *A gramática política do Brasil* pode ser inserida em uma tradição intelectual maiúscula e rica, no âmbito do pensamento social e político brasileiro, voltada para a interpretação da nossa experiência civilizatória. A galeria de precedentes é considerável. Para ficarmos nos clássicos, é o caso de se mencionar Oliveira Viana, José Maria dos Santos, Sergio Buarque de Hollanda, Gilberto Freyre e Raymundo Faoro.

Uma das interpretações possíveis do país, o livro de Edson Nunes pode ser lido, ainda, como uma biografia do Brasil Republicano, com ênfase em sua fase posterior a 1930, mas sem desconsiderar os legados provenientes da Primeira República. Seu momento intelectual deflagrador reside na insatisfação com formas dualistas de interpretação da história do país, nas quais todo o nosso segredo civilizatório parece depender da escolha da dicotomia mais adequada: modernos *vs.* atrasados ou tradicionais; ordem pública *vs.* ordem privada; centralização *vs.* descentralização; sístole *vs.* diástole (para mencionar uma das mais pobres da série), entre tantas.

A *pars construens* dessa insatisfação parece decorrer de uma indagação simples, precisa e estrutural na interpretação do autor: é necessário proceder dessa forma? Ou, ainda: não seria possível construir uma interpretação na qual todos os aspectos polares dessas dicotomias possam ser preservados, como partes de explicações plausíveis? Essa parece ser a aproximação decisiva com o problema teórico e histórico básico do texto: como interpretar o Brasil, supondo-o dotado de uma *experiência sincrética*, um tanto assemelhada à antropofagia oswaldiana (para mobilizarmos outro grande intérprete do Brasil), na qual tudo se deglute e se incorpora e nada se cancela?

A primeira impressão do texto, portanto, remete o leitor a um encontro com o complexo e multivariado processo de construção do Brasil moderno. Neste sentido, uma vez capturados pelo convite, navegamos no contrafluxo do minimalismo analítico e da compartimentalização disciplinar. Mas seria simplório reduzir o alcance do texto a uma simples refutação do minimalismo. Na verdade, e para isso basta consultar a impressionante bibliografia respeitosamente utilizada, Edson Nunes põe uma considerável quantidade de investigações pontuais — sobre períodos, políticas, instituições etc. — *a seu serviço*. Portanto, as potencializa e as reinscreve em um projeto interpretativo teórica e analiticamente mais ambicioso. Dessa forma, trata-se de um ensaio de interpretação do Brasil, alimentado por inúmeras contribuições recentes das ciências sociais no país.

A síntese indicada, ou *bricolage* teoricamente bem orientada, diz respeito ainda a uma invulgar familiaridade do autor com diferentes tradições disciplinares. No texto estão presentes contribuições não apenas da ciência política, mas da antropologia, da história, da sociologia, da economia, aliadas a uma preocupação comparativa muito forte. O tema da cooperação disciplinar é central para o texto e decorre do modo pelo qual seus objetos de análise são definidos. Se a experiência republicana brasileira pode ser apresentada como um processo sincrético, várias abordagens e perspectivas devem estar presentes no esforço de elucidação. Em particular, deve ser ressaltada a decisão intelectual de tratar os processos políticos e macropolíticos como configurações envolvidas pela vida social e pelos fluxos históricos. A influência de Karl Polanyi nesse aspecto é notável: não apenas os mercados estão "*embeded*" nas relações sociais, como também as instituições e práticas políticas ocorrem em tempos e lugares substantivamente preenchidos pela experiência histórica. Não há, pois, lugar para um institucionalismo por vezes autista, a despeito do fato de o livro tratar do longo processo de fabricação institucional na república brasileira. Trata-se, enfim, da boa e falível ciência da política, atenta às dimensões da história, da dinâmica social e da cultura.

O foco do livro incide sobre o "processo de construção institucional", desenvolvido no país, em meio a "profundas mudanças econômicas e sociais". Dessa indicação decorre uma interpretação a respeito das relações entre "sociedade e instituições políticas formais". Esse enquadramento clássico, por sua vez, dá lugar a uma inovação analítica de grande monta: a hipótese de que o processo de construção institucional brasileiro é quádruplo, já que sustentado por "quatro padrões institucionalizados de relações ou 'gramáticas' que estruturam os laços entre sociedade e instituições formais no Brasil: clientelismo, corporativismo, insulamento burocrático e universalismo de procedimento".

A engenhosa noção de "gramática", com toda sua carga semântica, indica a existência do que poder-se-ia designar como as diferentes linguagens em uso no mundo da política. Se linguagens são formas de vida, as "gramáticas" indicam os princípios que as estruturam. No texto, tais princípios estão presentes no modo pelo qual instituições e sistema social se articulam e, o que é fundamental, na maneira pela qual ações e expectativas humanas são produzidas.

As gramáticas sugeridas podem, em princípio, ser representadas como se fossem camadas arqueológicas, que ao longo da história vão se produzindo e se sobrepondo. Assim, o clientelismo, enquanto modo dominante de articulação entre sociedade e sistema político e como forma típica de comportamento político e social, apresenta-se como traço distintivo da República Velha, a despeito do formalismo liberal presente da letra da Constituição. É de se notar, no entanto já no âmbito da Primeira República, a presença de um, digamos, proto-ânimo insulador, voltado para a definição de arenas e agendas a salvo da predação oligárquica típica.

No governo Campos Salles (1898-1902), por exemplo, certas definições cruciais para a agenda do Estado — tais como política econômica e financeira — foram insuladas em torno do presidente e não submetidas à "gramática" predominante. Em um certo sentido, a concentração de poderes nas mãos do presidente — cuja meta era a insularidade absoluta* — teve como contrapartida o reconhecimento do controle estadual exercido, por sabe-se lá que meios, pelas oligarquias sobre seus territórios específicos. Gilberto Hochman, em *A Era do Saneamento*, detectou com brilho a formação de uma consciência sanitarista, em pleno Brasil oligárquico, animada por profissionais do sanitarismo, responsáveis principais pela implementação de políticas de saúde e saneamento, por todo o país, expressas em uma linguagem distinta da "gramática" do clientelismo.

Mas, mesmo essas evidências a respeito da presença de um padrão de ação social e política com pretensões insuladoras não são suficientes para alterar a configuração geral da sociedade e de sua interação com o sistema político, marcada predominantemente pelas práticas e pelos valores do clientelismo.

Coube aos reformadores de 1930 imaginar uma forma de articulação entre sociedade e sistema político na qual as práticas e valores dos "carcomidos" não tivessem mais lugar. Se insistirmos na metáfora arqueológica, com os anos trinta a República brasileira produz a sua segunda camada civilizatória, caracterizada pela "gramática" do corporativismo. Esse novo paradigma opera, na verdade, uma dupla refutação: a um só tempo o idealismo constitucional — para evocar a interpretação do Brasil de Oliveira Viana —, caracterizado pelas ficções do liberalismo, e a cultura predatória do clientelismo são apresentados como fatores de atraso. O que se impõe é uma nova forma de organização da sociedade, na qual o atributo *trabalho*

---

* A busca da insularidade absoluta está presente na frase lapidar de Campos Salles: "Quem se propõe a consultar opiniões alheias sujeita-se naturalmente a modificar as suas, e era isso que eu queria evitar." A admiração confessada por Campos Salles, por parte de próceres recentes na política brasileira, indica a perenidade da busca mencionada.

e as identidades profissionais aparecem como base de classificação social e como referência para a atribuição de direitos e obrigações.

O texto de Edson Nunes demonstra de forma inequívoca que as pretensões de profilaxia tiveram sucesso restrito. As expectativas do capitão Frederico Buys, que exigia a canibalização dos governantes carcomidos — "Vamos comê-los. Devemos ser rudes como verdadeiros canibais" —, tiveram retorno relativo. O entulho liberal, com certeza, foi varrido, mas as "gramáticas" do clientelismo e do corporativismo acabaram por descobrir formas perenes e significativas de cooperação recíproca. Nesse aspecto reside um dos pontos fortes do livro, qual seja o de tratar a cultura do clientelismo como um padrão de troca que não exige como condição necessária a presença do agrarismo e do atraso oligárquico. Como padrão específico de troca social, o clientelismo pertence à modernidade e manifesta compatibilidade com outras formas de configuração social. Daí decorre a decisão do texto de tratar do tema do clientelismo sem mobilizar a moldura oligárquica e agrária da Primeira República. Como resultado, temos um tratamento mais sofisticado do tema, sem as inevitáveis menções ao folclore coronelístico, e com capacidade para iluminar aspectos importantes do Brasil urbano e moderno.

A interação e a fertilização recíproca entre as gramáticas do clientelismo e do corporativismo já indicam que a metáfora das camadas arqueológicas deve ser reparada. Não se trata mais de superposição, mas de articulação e de desenvolvimento combinado. Edson Nunes mostra, ainda, que caberá ao primeiro período de governo de Getúlio Vargas a definição de critérios para a formação de um novo sistema de serviço público — via DASP — com características gramaticais próprias, baseadas em uma cultura de universalismo de procedimentos. Nova gramática, portanto, que vem ao mundo envolvida por linguagens que não lhe são próprias, em função do contexto mais amplo no qual o clientelismo redivivo e nacionalizado e o corporativismo estão implantados e ativos.

A análise contida nos capítulos 4 e 5 é magistral. Ela demonstra como, no pós-45, a arquitetura institucional do Brasil moderno se constituiu. Trata-se do momento mais complexo e rico do sincretismo, no qual uma ordem moderna, politicamente aberta e atravessada por forte crescimento econômico estabelece suas rotinas e formas próprias de organização. Nesses dois capítulos, a experiência da República de 1946 é dissecada e o engenho político de Getúlio Vargas e Juscelino Kubitschek é posto em relevo, na arte de combinar as gramáticas do clientelismo, do corporativismo, do universalismo de procedimentos e do insulamento. Este último mecanismo acabou por ser decisivo para a constituição da grande capacidade estratégica, que o Estado brasileiro manteve até o fim dos anos oitenta. As principais agências públicas que sustentaram a modernidade no país decorreram de arranjos pelos quais se pretendeu evitar a captura política, corporativista e clientelística.

A análise de Edson Nunes é fundamental para o entendimento da dinâmica do primeiro experimento democrático brasileiro, o da República de 1946. O desempenho eleitoral e político dos dois principais partidos daquele regime — o PSD e o PTB — não pode ser adequadamente avaliado sem o jogo contraditório e complementar das gramáticas do clientelismo, do corporativismo e do universalismo. Quanto à UDN, vale a percepção do trajeto que vai da defesa asséptica do universalismo à aberta escolha da subversão da ordem, sem que a auto-imagem de vestal tenha impedido, em muitos aquis e alis, o uso de gramáticas abjetas.

Por fim, a indagação de Bresser Pereira, em seu belo prefácio, é incontornável: "Qual é a relevância dessa análise para o tempo presente?" Concordo com Bresser em sua avaliação do estado atual do corporativismo: nos tempos que correm ele assume fisionomia marcadamente social. Trata-se de organizar e definir interesses corporativos básicos, a partir da dinâmica própria das diferentes identidades sociais. O modelo é distinto daquilo que os analistas designam como "corporativismo estatal", no qual o poder público define e autoriza a expressão corporativa daquelas identidades. Esse, digamos assim, novo corporativismo é perene e decorre da própria energia associativa de sociedades nas quais não vigoram restrições à liberdade de organização. Nesse sentido, a retórica oficial brasileira "anticorporativista", em tempos recentes, manifesta certa dificuldade em reconhecer as implicações plenas do direito à organização de interesses.

O clientelismo segue sendo uma gramática básica na sociedade brasileira, sobretudo se for compreendido, tal como o faz Edson Nunes, como um padrão específico de troca social. E mais, as dimensões do mercado político brasileiro — megaeleitorado *cum* alta competitividade política — permitem supor a perenidade dessa gramática. Mesmo as eleições de 2002 que, na avaliação de Fernando Henrique Cardoso, significaram uma opção pela modernidade política e social, acabaram abrigando escolhas eleitorais de evidente conteúdo clientelístico, em unidades importantes da federação, tais como Rio de Janeiro e Distrito Federal.

Quanto ao insulamento burocrático, a chamada "reforma do estado" — proposta doutrinária que acabou ganhando foros de subárea da ciência política —, empreendida desde o governo Collor e durante os dois mandatos de Fernando Henrique Cardoso, dissolveu várias de suas agências e instituições centrais. O processo de privatização de importantes empresas públicas reduziu a capacidade estratégica do Estado. Uma agência estatal decisiva para a definição e implementação de estratégias de desenvolvimento, o BNDES, teve sua agenda alterada, passando a operar como organizador do processo acima mencionado. As agências reguladoras, que seriam marcas do novo modelo gerencial de administração, parecem constituir novos modos de insulamento, na medida em que não possuem formas claras de responsabilização e controle social.

A "reforma do estado" que teria alterado para melhor o mapa gramatical brasileiro acabou por exibir uma face prioritariamente negativa: sua agenda destrutiva foi mais nítida. O novo modelo não chegou a ser exibido, a despeito da notável produção doutrinária a respeito. De qualquer forma, o novo Estado foi decisivo para permitir a integração brasileira no sistema econômico e financeiro internacional. Nesse aspecto, com certeza, houve funcionalidade. Todo o problema parece residir no fato de que esse novo modelo, alterando a configuração tradicional do Estado brasileiro, não foi capaz de proporcionar crescimento.

A pergunta para o futuro, então, deve ser a seguinte: mantidas, com os devidos *aggiornamenti*, as gramáticas básicas do clientelismo, do corporativismo e do universalismo de procedimentos — este último potencializado pelo processo de consolidação da democracia —, como definir um formato para o Estado brasileiro que permita que este retome sua capacidade decisiva de indução do crescimento?

Se aceitamos o desafio da pergunta, o texto de Edson Nunes não é apenas atual. Ele é de consideração compulsória. Quer como exercício acadêmico sofisticado, quer como interpretação do Brasil — ou como ambos, por que não? —, o leitor tem diante de si, a partir das próximas páginas, um brilhante convite para pensar o futuro do país.

RENATO LESSA
Visconde de Mauá, fevereiro de 2003

PREFÁCIO

POLÍTICA E INSULAMENTO BUROCRÁTICO NO BRASIL

Muitas são as teses de doutorado apresentadas por estudantes brasileiros no exterior. A grande maioria, embora revele esforço importante de pesquisa ou de formalização, morre nas bibliotecas das respectivas universidades dado o caráter pontual e freqüentemente irrelevante do tema que tratam. A tese de doutorado de Edson Nunes, apresentada em 1984 na Universidade da Califórnia, Berkeley, estava ameaçada de ter também esse destino. Um destino, entretanto, que neste caso seria injusto para o autor e para o Brasil, já que este trabalho é uma das mais instigantes e originais análises da política brasileira. Em boa hora, Jorge Zahar Editor e a Escola Nacional de Administração Pública resolveram o problema publicando-a 13 anos depois.

O autor parte de um modelo básico: existem quatro padrões institucionalizados de relações ou "quatro gramáticas" que estruturam os laços entre sociedade e Estado no Brasil. São elas: o clientelismo, o corporativismo, o insulamento burocrático e o universalismo de procedimentos. O clientelismo faz parte da tradição secular brasileira e seus outros dois nomes são patrimonialismo e fisiologismo; já as outras três instituições emergem nos anos 30, sob o governo de Getúlio Vargas. A partir desse momento as quatro gramáticas passam a conviver e a se inter-relacionar. Será esse compromisso, do qual Getúlio Vargas e Juscelino Kubitschek serão os mestres, que irá viabilizar a construção de um Estado nacional e a ocorrência de um poderoso processo de industrialização no Brasil.

Essas quatro instituições políticas dividem o trabalho: o clientelismo e o corporativismo são instrumentos de legitimidade política; o insulamento burocrático, a forma através da qual as elites modernizantes tecnoburocráticas e empresariais promovem o desenvolvimento; o universalismo de procedimentos, a afirmação lenta de um regime burocrático racional-legal e eventualmente democrático. Digo eventualmente democrático porque o autor não identifica o universalismo de procedimentos com a democracia. A instauração do universalismo de procedimentos ocorreu no Brasil, no período analisado (1930-60), principalmente através de tentativas de reforma do serviço público e da implantação de um sistema de mérito. Embora as elites se julgassem portadoras legítimas de valores modernos e universalistas, não estavam então particularmente interessadas na democracia. Até os anos 60, elas estavam muito mais preocupadas com o desenvolvimento que então se identificava com a industrialização.

A combinação das quatro gramáticas ocorre de maneira variada, dependendo do momento. Vargas faz uso principalmente do corporativismo, através do qual organiza as relações do Estado com a sociedade, e do clientelismo, que lhe permite manter as velhas oligarquias políticas sob controle. O insulamento burocrático e o universalismo de procedimentos, entretanto, já estão presentes em seu primeiro governo. Em seu segundo governo e no governo Kubitschek, será o insulamento burocrático que dará a tônica. O clientelismo será dominante no governo Goulart. Nos governos militares, o insulamento burocrático volta a ser dominante, acompanhado pelo corporativismo, enquanto o clientelismo é colocado em segundo plano.

O clientelismo existirá em todos os momentos como uma forma de lidar com os políticos, que no Brasil da época estudada são intrinsecamente populistas, tendo seu comportamento reforçado pelo fato de que é um comportamento esperado e desejado por parte dos eleitores. O insulamento burocrático é a estratégia por excelência das elites para driblar a arena controlada pelos partidos políticos. A competência técnica da burocracia e o universalismo de procedimentos eram os meios para conter a irracionalidade populista considerada então inerente aos políticos. O corporativismo, através do qual o Estado intermediava os interesses de empresários e trabalhadores, completava a estratégia de modernização. Nesse quadro, o clientelismo era ao mesmo tempo o instrumento político por excelência para garantir a implementação de políticas modernas, o seu maior adversário.

A política de modernização e desenvolvimento ficava a cargo da instituição do insulamento burocrático. Através dela os tecnoburocratas estatais se protegiam da influência política em agências de governo como o DASP, onde pontificou a burocracia clássica, como a SUMOC, dominada por uma tecnoburocracia nacionalista (Cleanto de Paiva Leite, Glycon de Paiva, Rômulo de Almeida, Jesus Soares Pereira, Ignácio Rangel). Não se imagine, entretanto, que estes homens eram apenas técnicos. Eram técnicos políticos, que se envolviam permanentemente em estratégias políticas para garantir sua autonomia sempre precária.

Embora concentrando sua análise no período de 1930 a 1960, Edson Nunes prossegue pelo regime militar, mostrando, com dados muito claros, como foi enorme o aumento do insulamento burocrático nesse período. Deixa, entretanto, de dar a importância necessária ao Decreto-lei 200, de 1967, através do qual os militares tentam realizar uma reforma administrativa pioneira, de caráter gerencial.

A pergunta que cabe agora é: qual a relevância dessa análise para o tempo presente? Três mudanças fundamentais ocorreram depois da análise contida neste livro: a sociedade civil ampliou-se, modernizou-se e tornou-se mais democrática. A democracia foi restabelecida em 1985 e, dez anos depois, em 1995, o governo Fernando Henrique Cardoso propôs uma reforma administrativa centrada na idéia da transição de uma administração pública burocrática para uma administração pública gerencial.

Com o retorno da democracia, reforça-se o universalismo de procedimentos, agora entendido de forma plena. Com sua contrapartida, o clientelismo patrimonialista reaparece como prática, embora cada vez mais condenado em termos de valor. O corporativismo, por sua vez, perde força, deixando de ser uma forma de organização da sociedade intermediada pelo Estado, para se transformar em mera estratégia de defesa de interesses por determinados grupos sociais. E o insulamento burocrático é colocado em cheque como antidemocrático. Nesse quadro, a tecnoburocracia estatal perde poder na medida em que não consegue mais legitimidade para se insular na política. Perde poder, além disso, porque a queda do regime militar está relacionada a uma profunda crise do Estado nacional-desenvolvimentista, que fora sua principal obra.

Sua reação diante da crise e da perda de poder é perversa: ela, que se propunha ser o princípio de racionalidade na arena política brasileira, parte para a defesa irracional e logra, na Constituição de 1988, eliminar todos os avanços que haviam sido alcançados desde o Decreto-lei 200 na direção de uma administração política gerencial mais moderna e voltada para controle de resultados, ao invés do controle rígido dos processos. O retrocesso burocrático, então ocorrido, cria privilégios para a burocracia na forma de estabilidade plena e aposentadoria integral, engessa toda a administração pública tornando-a dramaticamente centralizada e ineficiente, e corrói a imagem da alta burocracia pública que tantos serviços prestara ao país.

No plano político, por sua vez, ocorre um grande avanço democrático. O clientelismo continua presente nos partidos políticos, mas a crítica da sociedade a esse tipo de comportamento é cada vez mais forte, abrindo espaço para o aparecimento de políticos modernos, situados tanto na esquerda quanto na direita do espectro político-ideológico. Será com base em uma sociedade civil ampliada e democratizada e na liderança de políticos modernos apoiados novamente nos melhores setores da tecnoburocracia que, a partir de meados dos anos 80, inicia-se amplo processo de reforma do Estado brasileiro. Reforma que aponta na direção de um Estado regulador e financiador, ao invés de executor. Na direção de um Estado menor, embora mais rígido politicamente, de forma a ganhar governabilidade. E na direção de um Estado mais forte financeiramente e dotado de instituições e estratégias administrativas gerenciais, que lhe permitem aumentar seu grau de governança.

Dentro desse quadro, será ainda necessário manter a estratégia de compromisso que caracterizou o período analisado neste livro, principalmente os anos 50? Compromissos, acordos e concessões mútuas sempre serão necessários. Afinal, a política é a arte do compromisso. Mas os compromissos e as permutas (*trade-offs*) serão outros. Através das "agências autônomas" e das "organizações sociais" o Estado brasileiro poderá contar com instituições muito mais flexíveis, eficientes e voltadas para resultados. Instituições, entretanto, que não serão caracterizadas principalmente pelo insulamento burocrático, mas pelo controle de uma alta burocracia situada no núcleo estratégico do Estado, a qual responderá aos políticos eleitos. À eficiência somar-se-á, assim, a demanda de responsabilização (*accountability*). Por outro lado, o controle da ação das agências autônomas e das organizações sociais não ocorrerá apenas através de contratos de gestão firmados com os políticos e burocratas situados no núcleo estratégico, mas, de forma crescente, através de mecanismos de participação social, em que os cidadãos controlem os serviços prestados pelo Estado.

Na conclusão do livro, Edson Nunes afirma que as elites reformistas, preocupadas com a governabilidade, deverão ter sempre em mente as gramáticas que relacionam Estado e sociedade. Não há dúvida. Nesse sentido, sua contribuição intelectual — ao explicar essas gramáticas ou instituições integradoras e organizadoras da sociedade brasileira — é fundamental. As instituições integradoras e coordenadoras hoje relevantes, entretanto, não são mais as mesmas. A definição de quais sejam elas nos anos 90 e como se inter-relacionam é uma tarefa a ser realizada, para a qual esse livro servirá de poderosa inspiração.

LUIZ CARLOS BRESSER PEREIRA
Maio de 1996

CAPÍTULO 1

INSTITUIÇÕES, POLÍTICA E ECONOMIA

O Brasil pertence ao grupo de países que adotaram, nos últimos 50 anos, uma economia capitalista moderna e internacionalizada. Países que procuram implantar uma ordem capitalista moderna têm de criar novas instituições. A operação de um sistema capitalista moderno exige comportamentos individuais e institucionais compatíveis com a lógica da produção econômica.

A moderna ordem econômica capitalista penetra todas as esferas da vida social e estende-se a outras instituições; a lógica do mercado torna-se a regra predominante para a organização da vida política e social, e os comportamentos individuais também são embutidos na lógica da produção econômica.

Observando o impacto da produção capitalista na sociedade, Max Weber chamou a atenção para a mesma ordem de problemas que seriam mais tarde brilhantemente reunidos pela antropologia econômica de Polanyi:

> A economia capitalista dos dias de hoje é um imenso cosmo dentro do qual o indivíduo nasce e que se apresenta a ele, ao menos enquanto indivíduo, como uma inalterável ordem de coisas dentro da qual ele deve viver. Força o indivíduo, na medida em que este está envolvido no sistema de relações de mercado, a adaptar-se a normas capitalistas de ação. O empresário que a longo prazo age contra essas normas será inevitavelmente eliminado do cenário econômico, da mesma maneira que o trabalhador que não possa, ou se recuse a adaptar-se a elas será atirado à rua sem trabalho.[1]

É evidente que a idéia de que a realidade social é organizada em torno de um complexo entrelaçamento de forças mais "modernas" e menos "modernas" de comportamento já foi amplamente debatida. Entretanto o estudo das relações entre características do mercado e da ausência de mercado, entre modernidade e tradição, continua a ser um ponto básico de referência nas ciências sociais. No contexto dos estudos brasileiros, as interpretações do Brasil contemporâneo têm sido prolíficas na produção de dicotomias, todas representando variações em torno do tema clássico dos "dois Brasis": desenvolvimento *versus* subdesenvolvimento, Brasil urbano *versus* Brasil rural, industrialização *versus* oligarquia rural, poder público *versus* ordem privada, centralização *versus* poder local, sístole *versus* diástole, representação *versus* cooptação, tradição *versus* modernidade, Brasil *versus* Índia. A história do país tem sido freqüentemente explicada em termos da tensão constante entre dois pólos que se alternam em ciclos intermináveis, ou entre dois pólos em permanente contradição mútua.

Dessa forma, Nestor Duarte, Oliveira Viana e Victor Nunes Leal enfatizaram a importância do poder privado como uma barreira à construção de uma ordem pública. De Oliveira Viana e Francisco Campos a Raimundo Faoro e Simon Schwartzman, os estudiosos investigaram o uso do poder público na criação de uma ordem estatal. De Maria Isaura Pereira de Queirós a Golbery do Couto e Silva, enfatizaram a importância de sucessivos momentos de centralização e descentralização, de sístole e diástole, na formação da sociedade e do Estado brasileiro. A Belíndia de Edmar Bacha, por exemplo, é a mais recente manifestação, desde a ótica da desigualdade, deste "olhar". Não é exagero dizer que a idéia dos dois Brasis tem exercido um permanente fascínio, em suas variadas formas, sobre a vida intelectual brasileira.

As dicotomias se mostraram úteis na produção de muitas análises perspicazes sobre a política e a economia brasileiras. Entretanto o sistema institucional evoluiu para uma forma que transcende a noção dos "dois Brasis". Ao mesmo tempo que têm surgido críticas à tese da sociedade dualista, já é tempo de a literatura avançar além das observações gerais de que elementos de tradição e modernidade interagem de formas elaboradas, e partir para a análise sistemática dessa interação e para a construção de um arcabouço analítico que capture as várias dimensões de sua interação.

Em geral, grande parte da crítica ao paradigma da sociedade dualista origina-se de uma perspectiva neomarxista, que focaliza as complexidades envolvidas na articulação de modos de produção. Freqüentemente, a crítica abordou o problema a partir de uma ótica econômica e internacional. Agora é oportuno desagregar o enfoque da sociedade dualista, partindo de uma perspectiva que combine a preocupação com a economia e um foco sólido na interação entre várias dimensões institucionais, dentro da esfera política de um caso nacional.

No contexto deste foco político interpretativo, é importante demonstrar como emergiram novos tipos de organizações políticas e sociais, como se tornaram institucionalizadas e que impacto causaram em grupos, resolução de conflitos, padrões de intermediação de interesses e governabilidade. Defendendo a relevância do estudo das instituições políticas, Arthur Stinchcombe sugere que, ao responder à questão sobre como as relações de classe são agregadas na sociedade, não podemos olhar simplesmente para a esfera econômica. A resposta "depende de como o sistema político, e não a economia, as agrega".[2]

As instituições políticas desempenharam um papel crucial na formação de relações de classe e de padrões de acumulação de capital, no processo de implantação de uma moderna ordem econômica industrial no Brasil. Desempenharam também um papel crucial na manutenção e integração dentro de um marco nacional, de muitas relações que não refletem a existência de um moderno modo de produção capitalista no país.

No processo de adoção do capitalismo moderno, o Brasil teve de criar muitas instituições novas em período de tempo relativamente curto. Contradizendo os diagnósticos de Weber e Polanyi, entretanto, nem todas foram penetradas pela lógica impessoal das modernas relações de mercado. Este processo de construção institucional, em meio a profundas mudanças econômicas e sociais, constitui o foco deste livro. Proponho, aqui, um arcabouço interpretativo para compreender as relações entre sociedade e instituições políticas formais no Brasil contemporâneo.

A análise inicia-se com uma discussão das características do capitalismo em sociedades industriais avançadas, em contraste com sociedades camponesas e sociedades capitalistas periféricas e não-industrializadas. O objetivo, obviamente, não é reificar estes contrastes, mas tomá-los como ponto de partida para distinguir diferentes conjuntos de relações possíveis entre modo de produção, padrões de ação social e instituições políticas formais, e ainda propor que existem quatro padrões institucionalizados de relações ou "gramáticas" que estruturam os laços entre sociedade e instituições formais no Brasil: clientelismo, corporativismo, insulamento burocrático e universalismo de procedimentos. Dos quatro, apenas o último reflete claramente a lógica do moderno mercado capitalista.

Após expor a estrutura teórica, realizo uma análise histórica dos fatores que contribuíram para a existência desse quádruplo sistema institucional brasileiro. Nos três capítulos subseqüentes, mostro como o corporativismo, o insulamento burocrático e o universalismo de procedimentos incorporam-se ao clientelismo já existente.

Meu argumento é o de que a institucionalização das quatro gramáticas progrediu de maneira desigual através do tempo, tomando-se como ponto de partida o primeiro governo Vargas (1930-45). Na década de 30, a legislação corporativista surgiu como um esforço para se criar uma solidariedade social e relações pacíficas entre grupos e classes, onde não teriam lugar a tradicional divisão entre partidos políticos nem os erros da ordem econômica liberal.

Em 1933 o Brasil elegeu uma Assembléia Constituinte permeada pela representação corporativista. O regime de 1934 foi substituído por uma ditadura, em 1937, mas os dispositivos corporativistas estão em vigor até hoje: não criaram a solidariedade social então desejada, mas funcionaram como poderoso instrumento de controle e atrelamento do trabalho ao Estado.

No período pós-30, um processo de centralização política desenvolveu-se paralelamente à instauração dos regulamentos corporativistas, retirando dos estados e municípios quase todos os meios para o exercício da política clientelista e transformando o governo federal no mais poderoso ator político do período.

De 1937 em diante, quando se consolidou a ditadura, as normas corporativistas intensificaram-se, e fortaleceu-se a centralização. No entanto, centralização e corporativismo não conseguiram destruir o clientelismo. Ao contrário, geraram novos recursos para sua prática, recursos agora administrados pelo governo federal.

O Estado Novo (1937-45) procurou também alterar as bases tradicionais do Estado brasileiro através de uma reforma do serviço público baseada no universalismo de procedimentos. O novo regime criou, ainda, um corpo técnico, isolado das disputas políticas, para assessorá-lo na formulação de políticas. Um de meus objetivos nesse livro é examinar o legado da década de 30, no qual o corporativismo constitui, sem dúvida, uma de suas parcelas mais importantes. As tentativas de implantação tanto do universalismo de procedimentos quanto do insulamento burocrático não foram tão bem-sucedidas nem tiveram tanto apoio quanto os regulamentos corporativistas.

O regime democrático de 1946 emergiu quando uma das novas gramáticas, o corporativismo, já se encontrava em pleno funcionamento ao lado da antiga, o clientelismo. Os novos partidos políticos, criados com a redemocratização, fizeram largo uso do clientelismo em seu processo de constituição, renovando e reforçando, portanto, esta antiga gramática. O universalismo de procedimentos foi menosprezado, mas o corporativismo foi mantido.

Os anos que se seguiram à instalação do regime democrático foram anos de construção partidária, em que os recursos do Estado desempenharam um papel crucial. Dos três mais importantes partidos que emergiram no período, apenas um não teve acesso a esses recursos desde o início. O PSD e o PTB, partidos criados no interior do aparelho de Estado, formaram uma "coalizão de fato" para a patronagem, enquanto a UDN jamais encontrou sua verdadeira identidade e oscilou entre tentativas de participação na política clientelista e posturas em defesa do universalismo de procedimentos, da moralidade pública e das regras do mercado.

As elites modernizantes encaravam esta coalizão de fato para a patronagem como um obstáculo ao progresso. Já que o universalismo de procedimentos ainda não era suficientemente forte para desalojar a ordem tradicional controlada pelos partidos políticos, a solução pareceu ser a criação de uma burocracia insulada, a fim de perseguir a realização de políticas desenvolvimentistas que não fossem limitadas pela patronagem política. As agências protegidas pelo insulamento burocrático mostraram-se dispostas a manter procedimentos técnicos e uma certa dose de universalismo de procedimentos no recrutamento de seus funcionários.

No início da década de 50 foram criadas várias agências insuladas, em meio a um intenso debate entre nacionalistas e internacionalistas. As novas agências, embora tecnicamente competentes, eram profundamente politizadas e pautaram suas atividades por opções políticas claras, atitude que também influenciou o recrutamento de seu pessoal. Na formulação e implementação das políticas econômicas que conduziram à consolidação do processo de industrialização, algumas agências tinham um forte traço nacionalista, enquanto outras apresentavam uma tendência mais "cosmopolita".

Dois presidentes da década de 50, Getúlio Vargas e Juscelino Kubitschek, beneficiaram-se da operação competente dos dois tipos de agências, utilizando, ao mesmo tempo, o corporativismo e o clientelismo entre outras arenas políticas. Graças à habilidade na manipulação de instituições fundadas em lógicas diferentes, os dois presidentes coonestaram e incentivaram a institucionalização de um sistema político multifacetado no Brasil. A partir dos anos 50, clientelismo, corporativismo, insulamento burocrático e universalismo de procedimentos desempenharam, através de diferentes formas institucionais, um papel fundamental na vida política do país.

Sintetizando, meu objetivo é mostrar como a introdução do capitalismo moderno no Brasil interagiu com a criação de um sistema institucional sincrético, agora nacional e multifacetado, e não mais regional e dualista.

Neste sentido, analiso o problema da *articulação* desta sociedade que se industrializa, do ponto de vista de suas estruturas políticas em interação com a sua transformação econômica.

NOTAS

1. Max Weber, *The Protestant Ethic and Spirit of Capitalism*; ver também Karl Polanyi, *The Great Transformation*; e George Dalton, "Primitive, Archaic and Modern Economies: Karl Polanyi's Contribution to Economic Anthropology and Comparative Economics", *Essays in Economic Anthropology, Dedicated to the Memory of Karl Polanyi.*

2. Arthur Stinchcombe, *Economic Sociology*, p.247.

CAPÍTULO 2

TIPOS DE CAPITALISMO, INSTITUIÇÕES E AÇÃO SOCIAL

Quatro principais gramáticas definem as relações Estado *versus* sociedade no Brasil: clientelismo, corporativismo, insulamento burocrático e universalismo de procedimentos. As instituições formais podem operar numa variedade de modos, segundo uma ou mais gramáticas. Grupos sociais podem, igualmente, basear suas ações em consonância com uma ou mais gramáticas.

Para colocar a discussão na perspectiva apropriada, este capítulo desenvolve-se em três etapas. Primeiro, revê conceitos que têm sido utilizados na discussão das diferenças e similaridades entre as instituições formais e os padrões de intermediação de interesses nas modernas formações capitalistas industrializadas e numa periférica e semi-industrializada como o Brasil. Também salienta o papel crucial desempenhado pelo *timing* em que elementos universais similares podem combinar-se para a geração de diferentes resultados sociais e políticos na periferia não-industrializada, em comparação com o centro industrial. Apesar de as categorias de centro e periferia serem altamente agregadas e conterem, obviamente, enormes variações no seu interior, elas são úteis como um ponto de referência inicial para introduzir os conceitos utilizados neste capítulo.

Em segundo lugar, introduz o tema do clientelismo como um componente distintivo de certas sociedades capitalistas. O clientelismo é contrastado com o universalismo de procedimentos das sociedades capitalistas industrializadas, através de uma distinção entre "troca específica" e "troca generalizada" nas sociedades de mercado.

Finalmente, estabelece um contraste entre o corporativismo — como uma das principais características da forma de governo brasileira — e o clientelismo. A conclusão é a de que a noção do clientelismo pode complementar com sucesso os esforços dos estudiosos do corporativismo, preenchendo várias lacunas ainda não cobertas pelos analistas.

Variantes de Capitalismo e Instituições

O capitalismo é geralmente entendido como um modo de produção em que a propriedade e o controle dos meios de produção estão na mão da burguesia. Este modo de produção requer a existência de um mercado de trabalho livre. Os proprietários dos meios de produção compram no mercado a quantidade de trabalho necessário à produção de bens. Esta é a base de um conjunto de relações de classe em que capital e trabalho constituem dois pólos necessários.[1]

No capitalismo moderno a extração de mais-valia é feita indiretamente. Não existe o conflito armado da colheita nem a taxação direta do que é produzido pelos trabalhadores. O capitalismo moderno não faz uso de meios extra-econômicos para a extração da parcela destinada às frações dominantes, embora possa utilizá-los para reforçá-la.

Dada a complexidade da sociedade capitalista moderna, a dinâmica da estratificação da estrutura de classes deixa espaço para a existência de uma multiplicidade de grupos de interesses.[2] No capitalismo moderno a ação "concertada" de grupos de indivíduos depende de vários fatores, tais como posição do grupo na matriz da estratificação social, acesso ao uso de recursos políticos, grau de satisfação das necessidades econômicas, arranjos dominantes para a agregação e intermediação de interesses, e assim por diante. A situação de classe não constitui base suficiente para a ação coletiva e para o conflito político.[3]

Do ponto de vista político, alguns autores partem da hipótese de que o liberalismo é o companheiro político apropriado ao capitalismo moderno porque classe e cidadania são entidades antagônicas que o liberalismo procura reconciliar através do "domínio público". Sufrágio e cidadania são os equivalentes políticos do mercado econômico. Já foi dito que a cidadania constitui a principal revolução de nossa era. O "domínio público", onde indivíduos funcionam como eleitores, como *checks and balances* do poder do Estado, como cidadãos, tem sido visto como uma conseqüência do funcionamento do mercado econômico livre. O domínio público é o espaço abstrato onde as contradições entre a lógica da produção capitalista e as demandas da sociedade são reconciliadas.

O Estado moderno se transformou no primeiro detentor da força como um atributo de sua autoridade. A construção de uma autoridade racional e territorialmente universal foi um fator-chave no desenvolvimento dos

Estados capitalistas contemporâneos.[4] Esta autoridade foi desenvolvida através de vários tipos de dominação que marcaram progressivamente a separação entre Estado e sociedade. Historicamente houve concentração de autoridade nas mãos do Estado, mas parcela razoável de autoridade permaneceu nas mãos das elites locais. A industrialização e a mobilização social erodiram a autoridade local e geraram um domínio público nacional, onde os indivíduos se relacionam uns com os outros e com o Estado de maneira impessoal e mais individualizada.

O domínio público é regulado por normas e instituições baseadas no *universalismo de procedimentos*, isto é, normas que podem ser formalmente utilizadas por todos os indivíduos da *polity*, ou a eles aplicadas, ao elegerem representantes, protegerem-se contra abusos de poder pelo Estado, testarem o poder das instituições formais e fazerem demandas ao Estado. "Liberdade de expressão, liberdade de reunião e liberdade de imprensa são aspectos básicos da representação 'procedural'. Quando essas garantias de procedimento são suprimidas, é extraordinariamente difícil para o povo formular e exprimir seus interesses." O universalismo de procedimentos por si só não garante a existência da democracia, mas é um de seus componentes cruciais.[5]

O longo processo histórico do desenvolvimento da moderna sociedade capitalista não somente representou uma revolução econômica mas também marcou a redefinição dos padrões de relações sociais e políticas no interior dos Estados-nação. Significou a reformulação das relações entre indivíduos, redefiniu instituições básicas como a Igreja, a família e a propriedade, reformulou o conceito de liberdade.[6]

Esta "grande transformação", não obstante, teve lugar apenas numa parte muito pequena do globo, aquela constituída pelas nações do noroeste da Europa e dos Estados Unidos.[7] Os termos "capitalismo moderno", "sociedades democráticas" e "civilização ocidental" estão estreitamente relacionados a essas nações. As sociedades capitalistas do Atlântico Norte são o produto de uma combinação de múltiplos fatores históricos e circunstâncias conjunturais que, digamos assim, ajudaram a "congelar" um conjunto de elementos cruciais para a criação das sociedades democráticas ocidentais.

As modernas sociedades capitalistas industriais são constituídas por: a) um padrão distinto de autoridade racional baseada no universalismo de procedimentos; b) um padrão dominante de ação social baseada no individualismo e no impersonalismo de procedimentos que repousa em uma multiplicidade de frações de classe, grupos de *status*, partidos políticos e cidadania; c) uma economia de mercado baseada na transferência impessoal de recursos econômicos, onde as trocas que ocorrem independem das características pessoais dos indivíduos envolvidos. Em poucas palavras, o que chamamos de capitalismo moderno é um composto, uma combinação de condições econômicas, arranjos sociais e estruturas políticas, todos interconectados.

Seria problemático utilizar a história das sociedades capitalistas industriais como um paradigma para prever o futuro das sociedades capitalistas periféricas, não-industriais ou semidesenvolvidas, porque o centro percorreu estágios e patamares específicos a sua própria história. As combinações, isto é, os conjuntos de relações entre condições econômicas, estrutura social e arranjos políticos que ali ocorreram — e que são responsáveis pela heterogeneidade no interior do próprio centro — não serão encontrados em outro lugar.

Por simples razões probabilísticas, nenhuma perspectiva evolucionária linear que tomasse o centro como paradigma poderia ser capaz de prever os desdobramentos históricos dos países não-centrais: nestes, diversos fatores internos teriam que se repetir da mesma maneira que no centro, e vários outros fatores internacionais, que constituíram o cenário para o desenvolvimento dos países centrais, teriam que estar novamente presentes. Para complicar mais as coisas, o *timing* da combinação dos eventos deveria ser o mesmo.[8]

Além disso teria que existir uma condição final impossível: os países centrais deveriam estar ausentes do mundo atual porque sua simples existência não apenas altera o espaço no qual os países periféricos devem subsistir, mas também fixa parâmetros, incentivos e limites para esses países. Mesmo na porção do mundo a que me refiro, de modo simplificado, como o "centro", os que se industrializaram mais cedo determinaram a agenda para os que chegaram mais tarde. Comparando a Inglaterra com as nações continentais por volta de 1848, William Langer concluiu "que todo o continente, com a possível exceção da Bélgica, estava uma geração inteira atrás da Inglaterra". [9] Como afirma Bendix:

> A história moderna tem sido caracterizada por consecutivas revoluções ou restaurações, e cada uma destas transformações influenciou a seguinte (...) Cada uma destas revoluções ou restaurações foi uma resposta coletiva a condições internas e estímulos externos. Cada uma teve repercussões além das fronteiras do país em que ocorreu. Após cada transformação, o mundo mudou no sentido de Heráclito, de que não é possível banhar-se duas vezes nas mesmas águas de um rio. A partir do momento em que o rei inglês foi destronado e o Parlamento declarado supremo, outras monarquias se tornaram inseguras, e a idéia do governo parlamentar foi lançada. A partir do momento em que a industrialização foi iniciada, outras economias se tornaram atrasadas. A partir do momento em que a idéia de igualdade

foi proclamada perante o mundo, a desigualdade se tornou um fardo pesado demais para se carregar.[10]

Quando o capitalismo é entendido como um pacote de condições e relações entre variáveis no contexto da produção capitalista, torna-se possível falar de "variantes de capitalismo", que podem partilhar traços similares, enquanto são, ao mesmo tempo, profundamente diferentes uma da outra. [11] Tome-se, por exemplo, as sociedades capitalistas não-industriais ou semi-industrializadas. O que as separa do capitalismo moderno não é apenas uma defasagem no tempo, ou umas poucas etapas numa hipotética escala de modernização.

O capitalismo industrial moderno e o capitalismo periférico podem ser substantivamente similares no que diz respeito à estrutura capitalista básica e, ao mesmo tempo, diferentes no que diz respeito: a) aos desdobramentos históricos que produziram o capitalismo na periferia, como conseqüência de sua existência no centro; b) aos desdobramentos históricos — e o *timing* — dos conflitos e contradições existentes na periferia como função da importância relativa de cada ator político principal; c) aos arranjos políticos que foram estabelecidos para administrar a ordem capitalista, e os padrões de separação, ou de integração, entre Estado e sociedade; d) aos padrões de ação social e de orientação normativa dos indivíduos como membros de diferentes classes, grupos ou facções; e) às distintas "passagens" que tiveram lugar em cada sociedade periférica e que ajudaram a "congelar" ou recriar importantes aspectos daquela sociedade determinada; f) às características do processo de acumulação de capital.

O entendimento do capitalismo como um pacote de condições e relações deve incluir as características do sistema de propriedade e controle dos meios de produção, padrões de ação social, tipo de autoridade pública e padrões de intermediação de interesses. Este procedimento não deixará espaço para a discussão do capitalismo periférico como uma transição entre o tradicionalismo e o capitalismo moderno; dirigirá, ao contrário, o foco da análise para a combinação distinta e durável de elementos que caracterizam uma sociedade específica em comparação com outras.[12]

A noção de combinação (e o *timing* desta combinação) é crucial. Desdobramentos históricos são tanto produto da acumulação de fatores estruturais como o são de escolhas virtuais ou de "oportunidades de vida".[13] Condições estruturais fornecem o cenário, a "janela", para escolhas, coalizões e resoluções de conflitos. Isto quer dizer que as condições estruturais similares, se existem, podem produzir diferentes resultados em sociedades distintas, dependendo do padrão das escolhas feitas pelos principais atores políticos. Uma "oportunidade" estruturalmente criada não garante nada. Oportunidades, para serem aproveitadas, devem ser captadas e moldadas pela ação humana inteligente.[14] Sempre que ocorre uma transformação importante, uma passagem — como a industrialização ou uma revolução política —, ela exclui várias alternativas e abre inúmeras outras.[15]

Pensemos na industrialização. Ela cria novas oportunidades para coalizões políticas assim como novos tipos de conflitos, oferece novas bases para a competição política, mina o poder das elites fundiárias e torna impossível para elas governar de forma oligárquica. Além disso, promove a emergência de novos atores coletivos. Isto significa que, ao mesmo tempo, a industrialização cria novas oportunidades e evita a ocorrência de várias outras alternativas. Em qualquer caso, os resultados políticos existentes serão sempre o produto da combinação de vários fatores importantes em dada seqüência temporal.

No caso do Brasil, a industrialização teve lugar num contexto em que os grupos oligárquicos já estavam enfraquecidos por confrontos políticos, pela depressão mundial no final da década de 20, pela presença de uma elite estatal crescentemente forte e pela existência de grupos competitivos. A emergência de uma nova ordem na década de 30, e ainda mais nitidamente na década de 50, aconteceu na ausência de uma facção dominante, hegemônica. O Estado moderno que começou a ser construído da década de 30 em diante foi denominado "Estado de compromisso", em que nenhum ator ou facção principal detinha uma supremacia clara sobre os outros.[16]

No Brasil, a moderna política do Estado precedeu a formação de classe na indústria; a regulação da cidadania perpassou a solidariedade de classe e interveio nas relações de classe; os arranjos corporativistas legais fixaram parâmetros e limitações para a cidadania dos operários; a revolução burguesa teve lugar quando muitos elementos do Estado moderno já estavam instalados. A revolução burguesa foi feita em associação com as multinacionais e com a participação e a supervisão do Estado.

O capitalismo moderno veio a acontecer no Brasil em contexto distinto daquele prevalecente nos países que se industrializaram cedo. O clientelismo constituía um importante aspecto das relações políticas e sociais no país. Os arranjos clientelistas não foram minados pela moderna ordem capitalista — permaneceram nela integrados de maneira conspícua.

Troca Específica e Troca Generalizada no Capitalismo

A noção de clientelismo foi originalmente associada aos estudos de sociedades rurais. Neste contexto, o clientelismo significa um tipo de relação social marcada por contato pessoal entre *patrons** e camponeses. Os camponeses, isto é, os clientes, encontram-se em posição de subordinação, dado que não possuem a terra. Os grupos camponeses que serviram de base para o desenvolvimento da noção de clientelismo estavam sempre a um passo da penúria. A desigualdade desempenha um papel-chave na sobrevivência tanto de *patrons* quanto de clientes e gera uma série de laços pessoais entre eles, que vão desde o simples "compadrio" à proteção e lealdade políticas.[17]

Tem sido argumentado que na família reside a unidade básica da economia e da sociedade camponesa, uma unidade de produção e consumo. Sociedades rurais são descritas como possuindo modos domésticos de produção e consumo. Nessa economia a instituição familiar desempenha papel crucial, e a família extensa é garantia adicional para a sobrevivência futura. O parentesco fictício é igualmente relevante para a manutenção deste modo de produção. O casamento de filhas e filhos é encarado como parte da estratégia global de sobrevivência e é parte da economia de investimentos, um seguro contra períodos de escassez. As sociedades camponesas são grupos primários em que todas as relações estão baseadas em contatos pessoais e diretos.[18]

Nas sociedades camponesas, o mundo econômico e o social se confundem. Não há diferenciação social intensiva e de tipo capitalista, e o sistema de valores sustenta-se em critérios pessoais e não-universalistas. De um lado, o caráter pessoal e diádico das relações *patron*-cliente inibe a formação de identidades de interesses e de ação coletiva. De outro, a aceitação desta condição é perfeitamente racional do ponto de vista dos camponeses. O *patron* é o ator que tem contato com o mundo exterior e tem comando sobre recursos políticos externos. O *patron* tem recursos — internos e externos à comunidade — dos quais dependem os clientes.

Em contextos clientelistas, as trocas são generalizadas e pessoais. Cada objeto ou ação que é trocado contém uma referência à condição geral do grupo. A relação conhecida como "compadrio", por exemplo, inclui o direito do cliente à proteção futura por parte do seu *patron*.[19]

A troca de bens é restrita; ela ocorre numa atmosfera em que está ausente uma economia de mercado impessoal. A troca generalizada inclui promessas e expectativa de retornos futuros.

---

* A expressão *patron* foi mantida na tradução em português. O termo abrange o que no Brasil é compreendido nas expressões "coronel", chefe de máquinas políticas urbanas, pequenos chefes locais ou mesmo líderes que controlam máquinas sindicais. O importante é observar que a relação *patron*-cliente define um tipo especial de relação de troca assimétrica.

O sistema de "troca generalizada" do clientelismo é diferente do sistema de "troca específica"que caracteriza o capitalismo moderno. Neste, o processo de troca e aquisição de qualquer bem não inclui a expectativa de relações pessoais futuras, nem depende da existência de relações anteriores entre as partes envolvidas. O trabalho, por exemplo, é comprado e vendido no mercado de trabalho livre; os bens desejados são adquiridos em lojas especificamente designadas para expor e vender tais bens. Laços de segurança, se é que existem, são parte do âmbito do domínio público. As trocas ocorrem sem preocupação com as características pessoais dos indivíduos envolvidos; elas são caracterizadas pelo impersonalismo. O impersonalismo constitui um dos fatores básicos do mercado livre e também a base da noção de cidadania.[20]

Entretanto, encontram-se trocas generalizadas também no capitalismo moderno. Este sistema não-capitalista de troca foi observado em sociedades rurais ligadas ao mercado,[21] centros urbanos capitalistas,[22] partidos políticos,[23] organizações econômicas,[24] e várias outras instituições das sociedades capitalistas e socialistas.[25] A coexistência de padrões de capitalismo e de não-capitalismo se tem demonstrado verdadeira em muitos casos.[26] Embora constituam duas gramáticas distintas para o estabelecimento de relações significativas e apesar de serem constituídas por princípios logicamente antagônicos e incompatíveis, a gramática da troca generalizada e a da troca específica são empiricamente compatíveis.[27]

Estudos realizados em sociedades capitalistas indicam uma curiosa relação entre as gramáticas da troca generalizada e da troca específica.[28] Embora coexistam em permanente tensão na mesma formação capitalista, elas freqüentemente se combinam em formas que são positivas para a acumulação capitalista.[29] Capitalismo e relações de mercado são duas diferentes formas de controle do fluxo e da transferência de recursos materiais numa determinada sociedade.

O clientelismo é um sistema caracterizado por situações paradoxais, porque envolve:

> (...) primeiro, uma combinação peculiar de desigualdade e assimetria de poder com uma aparente solidariedade mútua, em termos de identidade pessoal e sentimentos e obrigações interpessoais; segundo, uma combinação de exploração e coerção potencial com relações voluntárias e obrigações mútuas imperiosas; terceiro, uma combinação de ênfase nestas obrigações e solidariedade com o aspecto ligeiramente ilegal ou semilegal destas relações (...) O ponto crítico das relações *patron*-cliente é, de fato, a organização ou regulação da troca ou fluxo de recursos entre atores sociais.[30]

As díades, características das descrições convencionais do clientelismo, tendem a transformar-se em redes extensivas nas sociedades capitalistas modernas onde elas existem. Como mostraram Kaufman e Powell, a análise da díade clientelística pode ser entendida para abranger grupos de *patron*-clientes — estruturas nas quais muitos clientes ligam-se ao mesmo *patron* — e pirâmides *patron*-clientes — estruturas que emergem quando líderes de vários grupos de *patron*-clientes estabelecem vínculos com atores situados mais acima — tornando possível, portanto, "a conceituação de uma rede de relações potencialmente de larga escala e multivinculada, 'baseada' na troca *patron*-cliente."[31]

Em sociedades sincréticas como a brasileira ou a italiana, a lógica da troca generalizada é transferida para associações, instituições políticas, agências públicas, partidos políticos, *cliques,* facções.

O papel do clientelismo foi importante também nos países socialistas. Já foi dito que o clientelismo funciona como uma força que se contrapõe ao poderoso e centralizado Estado burocrático dos países leninistas. Redes pessoais e hierárquicas desempenham a função de canais simulados para participação, competição e alocação de recursos de acordo com as demandas oriundas de baixo. [32]

Acumulação de Capital, Instituições e Clientelismo no Brasil

No Brasil contemporâneo, o sistema clientelista desempenha funções de certa forma similares às desempenhadas em sociedades leninistas, isto é, assume o lugar de canais de comunicação e representação entre a sociedade e o Estado onipotente e fornece, aos estratos mais baixos da população, voz e mecanismos para demandas específicas. Entretanto, ele também está inserido em circunstâncias que o tornam diferente dos Estados leninistas, porque no Brasil o clientelismo pertence a um quadro capitalista onde as classes sociais operam. Nesse contexto particular, o clientelismo constitui, ao mesmo tempo, uma alternativa à presença difusa das estruturas do Estado e uma gramática para as relações sociais de não-mercado entre classes e grupos sociais.

A acumulação capitalista de capital repousa em princípios que contradizem os princípios clientelistas. A acumulação de capital gera novos investimentos para a expansão do sistema e, quando isso acontece, os laços pessoais entre força de trabalho e capitalistas são eliminados.

A lógica da expansão capitalista está associada à lógica do impersonalismo. Não obstante, há casos em que o modo capitalista de produção se torna dominante numa formação social específica, sem se tornar universal para a mesma formação social particular. Há também exemplos — em que o modo de produção capitalista é universal, mas combinado, misturado com traços não-capitalistas não eliminados pela expansão do capitalismo. Estes fatores foram, no entanto, combinados sob o domínio de uma lógica capitalista. No processo de sua maturação histórica, este sistema sincrético desenvolveu instituições formais, padrões de relações sociais, padrões de relações entre indivíduos e instituições e padrões de dominação política inteiramente impregnados pela lógica das gramáticas das trocas generalizadas e específicas. Tais elementos são essenciais ao capitalismo no Brasil. Os efeitos dessa combinação não deveriam ser encarados como uma passagem, ou como uma etapa da modernização, mas como uma combinação particular.[33]

O que caracteriza uma sociedade como a do Brasil são exatamente as descontinuidades apresentadas em várias áreas da vida social, econômica e política. O processo de subordinação de muitas outras esferas da vida social ao comando da ordem econômica, tal como descrito por Polanyi para os países capitalistas centrais, não aconteceu no Brasil.

A vida familiar tem grande importância no país. A industrialização acelerada dos últimos 30 anos não afetou a estrutura familiar na direção que se poderia esperar, caso as sociedades capitalistas centrais fossem tomadas como paradigma. Industrialização e urbanização foram claramente acompanhadas por uma forte ênfase, em âmbito familiar, na realização individual. Esta "individuação" foi, entretanto, acompanhada por um reforço da estrutura familiar extensa, exatamente nos centros urbanos e industriais. Baseado em extensa pesquisa comparada (Brasil *versus* Estados Unidos), Rosen relata que é precisamente o "empreendedor" das áreas industriais aquele que procura reforçar a estrutura familiar e a rede de parentesco.

> Mas o grupo de parentesco que se torna revigorado na cidade não é a clássica família extensa, pois aquele sistema raramente existe em outro lugar, mas um sistema menor e menos hierarquizado, semelhante à parentela brasileira. Para a parentela o empreendedor se volta em busca de apoio emocional em momentos de tensão, de ajuda na procura de trabalho e na promoção da carreira, da aprovação que confirma seu sucesso. Conseqüentemente, essa pessoa é fortemente motivada a manter vivos os laços com os parentes. Mas não é fácil fazer isso; exige cuidadosa atenção aos interesses do parentesco, à manutenção da proximidade física em relação aos parentes, visitando-os regularmente e comparecendo às cerimônias familiares, dando e recebendo ajuda.[34]

Empreendimento e realização individuais são necessários ao reforço da parentela. Através desta "individuação" com reforço dos laços da parentela, o grupo primário se torna mais coeso e democrático, ao mesmo tempo que a industrialização avança. Este processo gira em torno de uma separação clara entre unidade familiar, unidade produtiva e instituições formais. O fortalecimento desta separação depende da realização individual fora do âmbito da família, no mundo da economia.

Esta individuação com reforço da parentela separa a sociedade brasileira dos modos de produção domésticos. E também a torna distinta do modelo norte-americano, em que a ênfase mais forte na família nuclear e no individualismo, somada a uma mobilidade geográfica extremamente alta, redefiniu a família como o grupo nuclear composto apenas de pais e filhos, enfraquecendo, portanto, a interseção entre parentesco e ordem social. Rosen destaca que o termo família tem significados distintos no Brasil e nos Estados Unidos. Quando os brasileiros dizem "minha família", referem-se à família extensa, à parentela. Quando querem referir-se à família nuclear, os brasileiros em geral dizem "minha mulher (ou marido) e filhos".

A importância da estrutura familiar no Brasil já foi comparada ao papel desempenhado pela família na sociedade industrial japonesa. Numa pesquisa em que apresenta resultados similares aos apresentados por Rosen, Takashi Mayeama afirma que:

> O homem nasce numa "família" e cresce cercado por uma calorosa afeição (...) Entretanto, para "ganhar a vida", isto é, garantir o emprego e o "pão de cada dia", ele precisa sair pelo mundo (...) Portanto, a fórmula que ele emprega, tendo que se aventurar pelo mundo, é a da "familiarização" deste mundo "não-familiar", através do "neofamilismo". Isto se assemelha de certa forma à chamada estrutura familiar da sociedade japonesa."[35]

Mayeama afirma que o Brasil tem uma estrutura social com tendências ao entrelaçamento, onde é muito alta a intolerância a divisões nítidas de grupo baseadas em critérios étnicos ou culturais. A sociedade brasileira procura "universalizar" as relações no seu interior e manifesta pouca tolerância a grupos separados. A esta universalização soma-se uma forte hierarquização, que é atenuada por redes de relações pessoais.

> Ao invés de se colocar dentro dos limites de um grupo particular e encontrar sua própria identidade através do grupo, um brasileiro prefere conduzir sua própria vida manipulando relações pessoais de acordo com as exigências de cada situação específica. Ao invés de (...) dividir as pessoas em grupos, como branco *vs.* negros, japoneses *vs.* não-japoneses, membros dos grupos *vs.* não-membros (...) os brasileiros tendem a encarar o mundo que os cerca e as relações humanas em que estão envolvidos, em termos de relacionamentos essencialmente entre um indivíduo e outro e, como um todo, em termos de acumulação e desdobramentos desses vínculos diádicos.[36]

O personalismo impregnou e "enquadrou" muitas instituições. No Brasil, o universalismo de procedimentos está permanentemente sob tensão. Relações pessoais e hierárquicas são cruciais para tudo, desde obter um emprego até um pedido aprovado por um órgão público; desde encontrar uma empregada doméstica até fechar um contrato com o governo; desde licenciar o automóvel até obter assistência médica apropriada. Os brasileiros enaltecem o *jeitinho* (isto é, uma acomodação privada e pessoal de suas demandas) e a autoridade pessoal como mecanismos cotidianos para regular relações sociais e relações com instituições formais.

A propensão ao personalismo é bem ilustrada pela instituição do *jeitinho* e pelo uso da autoridade pessoal, tão bem representada pela expressão "você sabe com quem está falando?", brilhante e extensivamente analisada por Roberto Da Matta.[37] Clientelismo e personalismo, entretanto, seriam enfrentados e tentativamente corrigidos, desde a década de 30, por decisões políticas que buscavam o universalismo de procedimentos, por leis que regulavam os empregos no serviço público, e pela criação de burocracias insuladas que não seriam receptivas a demandas fisiológicas e clientelistas oriundas dos partidos políticos.

Insulamento Burocrático e Universalismo de Procedimentos como Alternativas ao Clientelismo

Como opera o clientelismo numa sociedade complexa como a brasileira? O clientelismo repousa num conjunto de redes personalistas que se estendem aos partidos políticos, burocracias e *cliques*. Estas redes envolvem uma pirâmide de relações que atravessam a sociedade de alto a baixo. As elites políticas nacionais contam com uma complexa rede de corretagem política que vai dos altos escalões até as localidades. Os recursos materiais do Estado desempenham um papel crucial na operação do sistema; os partidos políticos — isto é, aqueles que apóiam o governo — têm acesso a inúmeros privilégios através do aparelho de Estado. Esses privilégios vão desde a criação de empregos até a distribuição de outros favores como pavimentação de estradas, construção de escolas, nomeação de chefes e serviços de agências, tais como o distrito escolar e o serviço local de saúde. Os privilégios incluem, ainda, a criação de símbolos de prestígio para os principais "corretores" dessa rede, favorecendo-os com acesso privilegiado aos centros de poder.

Além desses meios tradicionais de patronagem, outros meios "indiretos" são criados, como linhas de crédito a serem utilizadas por fazendeiros ou homens de negócio locais, através do Banco do Brasil ou outros bancos estatais e agências de desenvolvimento. Empreiteiros e construtores que trabalham para o Estado por contrato freqüentemente se beneficiam das redes de relações a fim de receber pagamento imediato pelos serviços prestados.

As instituições formais do Estado ficaram altamente impregnadas por este processo de trocas de favores, a tal ponto que poucos procedimentos burocráticos acontecem sem uma "mãozinha". Portanto, a burocracia apóia a operação do clientelismo e suplementa o sistema partidário. Este sistema de troca não apenas caracteriza uma forma de controle do fluxo de recursos materiais na sociedade, mas também garante a sobrevivência política do "corretor" local. Todo o conjunto de relações característico de uma rede está baseado em contato pessoal e amizade leal.

Quase todos os autores que escrevem sobre os partidos políticos brasileiros concordam que o clientelismo é uma de suas características mais marcantes. O clientelismo tem sido visto, entretanto, como uma característica da República Velha, da política do "café-com-leite", do coronelismo, em suma, como uma característica do Brasil arcaico.

O clientelismo político, no entanto, permanece bastante vivo, por exemplo, nos dois mais modernos centros urbanos do país, Rio de Janeiro e São Paulo. Aqueles que examinaram o clientelismo no pós-guerra viram-no freqüentemente como uma sobrevivência do passado, que se vinha deteriorando no polarizado cenário anterior a 1964. Aqueles que analisaram as mais óbvias manifestações de clientelismo — o malufismo em São Paulo e o chaguismo no Rio de Janeiro — consideram o clientelismo um produto do autoritarismo. A ditadura militar é responsabilizada pela supressão dos mecanismos que permitiam o confronto de interesses, a tal ponto que a única linguagem política disponível passou a ser a gramática do clientelismo, evitando o aparecimento de antagonismos que refletiriam as verdadeiras clivagens na sociedade brasileira.

Os dois argumentos acima contêm elementos de verdade. Não obstante, nenhum dos dois é capaz de deslindar as razões da existência do clientelismo político em áreas modernas do Brasil antes, durante e — como tudo está indicando — depois do autoritarismo. O clientelismo se manteve forte no decorrer de períodos democráticos, não definhou durante o período do autoritarismo, não foi extinto pela industrialização e não mostrou sinais de fraqueza no decorrer da abertura política.

O universalismo de procedimentos e o insulamento burocrático são muitas vezes percebidos como formas apropriadas de contrabalançar o clientelismo. O universalismo de procedimentos, baseado nas normas de impersonalismo, direitos iguais perante a lei, e *checks and balances*, poderia refrear e desafiar os favores pessoais. De outro lado, o insulamento burocrático é percebido como uma estratégia para contornar o clientelismo através da criação de ilhas de racionalidade e de especialização técnica.

Na linguagem da teoria organizacional contemporânea, o insulamento burocrático é o processo de proteção do núcleo técnico do Estado contra a interferência oriunda do público ou de outras organizações intermediárias. Ao núcleo técnico é atribuída a realização de objetivos específicos. O insulamento burocrático significa a redução do escopo da arena em que interesses e demandas populares podem desempenhar um papel. Esta redução da arena é efetivada pela retirada de organizações cruciais do conjunto da burocracia tradicional e do espaço político governado pelo Congresso e pelos partidos políticos, resguardando estas organizações contra tradicionais demandas burocráticas ou redistributivas.

Dada a complexidade da tarefa e suas múltiplas partes constitutivas (determinações da exeqüibilidade do projeto, análise financeira, supervisão e gerência de projetos, geração de recursos financeiros, avaliação das necessidades do país, obtenção de consenso entre metas e valores), o ambiente operativo (*task environment*) das agências insuladas é altamente complexo. Nestas condições, a informação é fortemente valorizada, e a coalizão formada com atores externos selecionados é vital para garantir tanto os recursos adicionais para a realização das metas como para solidificar a proteção do núcleo técnico contra ruídos originados no mundo exterior.[38]

Há duas características do processo de insulamento que devem ser entendidas. Uma envolve variações no grau de insulamento, a outra envolve mudanças temporais. Primeiro, nem todas as agências insuladas o são no mesmo grau. Pode-se imaginar um contínuo que vai do insulamento total a um alto grau de penetração pelo mundo político e social, isto é, o "engolfamento" social. Os graus de insulamento ou de "engolfamento" terão implicações na estrutura, eficiência, capacidade de respostas e responsabilidade das organizações.

Segundo, nem todas as agências que foram insuladas permanecerão assim com o passar do tempo; uma vez atingidos os objetivos, o ambiente operativo torna-se menos complexo, e as organizações podem deixar de existir ou mesmo ser "desinsuladas". O "desinsulamento" pode ocorrer porque o núcleo técnico não requer proteção quando o ambiente operativo é analisável, previsível e menos incerto. Em troca, novas agências insuladas podem ser necessárias para outras tarefas encaradas como fundamentais. Nestas condições, os atores estatais sempre procurarão insular aquilo que entendem como núcleo técnico, seja ele composto de agências de formulação de políticas econômicas, agências encarregadas de segurança e informação, política nuclear ou política de informática.

Para conseguir altos graus de insulamento, as agências estatais devem desfrutar de um forte apoio de atores selecionados em seu ambiente operativo. No contexto da realidade política brasileira, os parceiros relevantes são as elites industriais, nacionais e internacionais. Reduzir os limites de arena de formulação de políticas significa em geral a exclusão dos partidos políticos, do Congresso e das demandas populares. Excluindo-os, os atores que promovem o insulamento almejam refrear o personalismo e a patronagem em benefício de uma base mais técnica para a fixação de prioridades.

Entretanto, ao contrário da retórica de seus patrocinadores, o insulamento burocrático não é de forma nenhuma um processo técnico e apolítico: agências e grupos competem entre si pela alocação de valores alternativos; coalizões políticas são firmadas com grupos e atores fora da arena administrativa, com o objetivo de garantir a exeqüibilidade dos projetos; partidos políticos são bajulados para proteger projetos no Congresso.

O mais óbvio exemplo contemporâneo de uma burocracia altamente insulada é o Serviço Nacional de Informações — SNI. O SNI foi a agência federal de informações, diretamente ligada à Presidência da República. Não havia controle ou *checks and balances* sobre as atividades do SNI em qualquer nível do governo. O Departamento de Administração do Serviço Público — DASP, criado em 1938, pode ser citado como um exemplo do passado que serviu tanto para fortalecer o universalismo como para desempenhar outras atividades, que tipificaram o DASP daquela época como uma burocracia insulada. Além destas duas agências, entretanto, outras agências civis como o Banco Nacional de Desenvolvimento Econômico — BNDE, a Petrobrás, a Comissão Nacional de Energia Nuclear (CNEN), a maioria encarregada da produção econômica e da formulação de política econômica — foram também insuladas contra a ampla rede de personalismo e clientelismo oriunda do sistema político.

Em geral o universalismo de procedimentos é associado à noção de cidadania plena e igualdade perante a lei, exemplificada pelos países de avançada economia de mercado, regidos por um governo representativo. Grupos de classe média, profissionais e tecnocratas são muitas vezes percebidos como potencial "eleitorado do universalismo", isto é, "grupos que se opõem ao sistema de patronagem e que insistem em que os benefícios e encargos públicos sejam alocados de acordo com um conjunto de regras e procedimentos gerais — e universalísticos (...)" Os jornalistas sempre escrevem contra os males do clientelismo e do personalismo; associações dos moradores freqüentemente veiculam suas demandas por maior participação universalística nas decisões relevantes para seus membros, exigindo regras mais impessoais e mais universalismo de procedimentos; partidos políticos de oposição criticam com muita freqüência o uso de procedimentos clientelistas por parte do governo.

Corporativismo e Clientelismo: Tensões e Complementariedades

Formalizado em leis, o corporativismo reflete uma busca de racionalidade e de organização que desafia a natureza informal do clientelismo. Embora regulado por normas gerais escritas, o corporativismo não é igual ao universalismo de procedimentos. Os regulamentos do corporativismo não contêm cláusulas para o desafio individual ao sistema de leis corporativas. Essas leis preocupam-se com incorporação e controle, não com justo e igual tratamento de todos os indivíduos. O corporativismo determina os limites da participação e não pôde ainda ser completamente alterado pelo voto daqueles que se submetem a ele. Voluntariamente ou não, uma pessoa é automaticamente envolvida pelas leis corporativas a partir do momento em que assina um contrato de trabalho. "No Brasil a lei trabalhista, altamente estruturada e minuciosamente regulamentada, é um exemplo soberbo da *busca da racionalidade*."[39]

Corporativismo e universalismo de procedimentos têm uma etiologia diferente: a legislação corporativa busca inibir a emergência de uma ordem de conflitos de classe, enquanto o universalismo de procedimentos tenderia a emergir como a segunda melhor opção, um *second best*, ao conflito ou ao impasse. O corporativismo também inibe a existência de grupos de interesse autônomos que poderiam derrotar a lógica do clientelismo através da organização de grupos de pressão independentes. Isto reforça a importância de arranjos pessoais e clientelistas, a fim de contornar a legislação corporativa, formal e rígida.

Os primeiros ideólogos do corporativismo no Brasil imaginavam-no como um mecanismo apropriado para a criação de uma sociedade solidária (aí incluindo os empresários), onde não existiriam os conflitos políticos e de classes, entendidos como divisivos. Atualmente o corporativismo no Brasil é um mecanismo que serve ao propósito de absorver de forma antecipada o conflito político através da incorporação e da organização do trabalho. O tipo de corporativismo de Estado, implantado no país na década de 30, difere profundamente da forma de corporativismo societal existente em alguns países capitalistas avançados. A despeito da inclinação pelo capitalismo de Estado no Brasil, formas de corporativismo societal também emergiram nos últimos 40 anos, como uma estratégia empresarial para penetrar o Estado.[40]

Tal como o clientelismo contemporâneo, o corporativismo é uma arma de engenharia política dirigida para o controle político, a intermediação de interesses e o controle do fluxo de recursos materiais disponíveis. Antes de comparar clientelismo e corporativismo no Brasil, e já que o Brasil tem sido freqüentemente caracterizado como um dos países mais tipicamente corporativos, serão alinhadas algumas considerações sobre variações de corporativismo. Vamos rever as principais tendências da argumentação corporativista, para demonstrar como o estudo do clientelismo pode preencher algumas lacunas não preenchidas pela literatura sobre o corporativismo.

Variantes de Corporativismo numa Perspectiva Comparada

Em benefício da concisão, optei por discutir duas das mais influentes abordagens sobre o corporativismo: a de Schmitter, nos Estados Unidos, e a de Winkler, na Europa.[41] Em seu fecundo artigo, Schmitter afirma que o corporativismo é um sistema de representação de interesses (ou intermediação de interesses, como preferiu chamar em trabalho posterior), baseado em número limitado de categorias compulsórias, não-competitivas, hierárquicas e funcionalmente separadas, que são reconhecidas, permitidas e subsidiadas pelo Estado. No caso do corporativismo de Estado, os grupos são dependentes e infiltrados; já o corporativismo societal é autônomo e penetrante. Schmitter encara o corporativismo societal como a resposta natural à ineficiência do liberalismo econômico em contextos pós-industriais. Portanto, o corporativismo é visto, ao mesmo tempo, como um sistema de intermediação de interesses e como um sistema de formulação de políticas. Em ambos os casos, o corporativismo é uma estratégia que visa à eficiência econômica com baixos níveis de conflito.

O corporativismo, tal como concebido por Schmitter, representa um grande desafio para as teorias pluralistas que defendem a idéia de que os interesses vêm "depois" dos indivíduos e que o Estado aparece como uma estrutura para mediar, equilibrar e abrir caminho aos interesses individuais (ou de grupo). O argumento corporativista, entretanto, afirma que a) o Estado sempre esteve presente na organização de interesses, e b) a organização não é totalmente espontânea.

De fato, Schmitter indica que a existência de corporativismo aponta para a ocorrência de variantes de capitalismo que não são baseadas em mercados, impersonalismo e arenas públicas, mas em relações corporativas. No entanto, esta tese está apenas latente no argumento corporativista e não é detalhadamente desenvolvida. Os principais conceitos existentes na literatura sobre corporativismo são interesse (e interesses organizados), representação e Estado, mas estes conceitos não são completamente desenvolvidos nem se relacionam com qualquer padrão de mudança histórica fora da esfera do Estado.[42]

De acordo com a argumentação corporativista, no pluralismo a estrutura de interesses organizados aparece sob a forma de pressões, enquanto que no corporativismo ela aparece como *concertación*. Para o pluralismo, a política é um processo em que interesses de grupo são trocados e canalizados através de agências, e o Estado é um reflexo desse processo; o Estado *é* um processo de transformação permanente de pressões. Para os corporativistas, o Estado é uma organização com interesses estabelecidos, um ator principal, lado a lado com os grupos. Uma vez que o Estado tem de competir com grupos sociais e, ao mesmo tempo, manter seu monopólio sobre a autoridade, muitas vezes ele fornece incentivos e limitações à ação de grupo. Por isso, como afirmou Durkheim, indivíduos e grupos tenderão a ver o Estado como um inimigo potencial, e as corporações sociais emergem como uma resposta ao poder do Estado e começam a operar como estruturas para a intermediação de interesses.

Uma outra versão do corporativismo é mais direta, no que diz respeito a encará-lo como um modo de produção. Em contraste com a já clássica definição formulada por Schmitter, Winkler define o corporativismo como "um sistema econômico no qual o Estado dirige e controla predominantemente a iniciativa privada, de acordo com quatro princípios: unidade, ordem, nacionalismo e sucesso".[43] Aqui o foco se situa na economia política: o corporativismo é visto como um tipo de modo de produção, além do capitalismo e do socialismo. Vale a pena reproduzir aqui o Quadro de Winkler (Quadro 1) que visa a obter uma representação gráfica da relação entre propriedade e formas de controle dos meios de produção.

Winkler considera a emergência do corporativismo uma das principais respostas às complexidades e ineficiências do capitalismo avançado. O corporativismo surge sempre que uma sociedade industrial está enfrentando crises, agitação interna e ineficiência. Aqui a principal previsão é a de que a Inglaterra se tornaria uma sociedade corporativista na década de 80, devido às razões acima descritas.

QUADRO 1

Propriedade *vs.* Controle dos Meios de Produção no Socialismo, Corporativismo, Sindicalismo e Capitalismo

		Propriedade	
		Pública	Privada
Controle dos Meios de Produção	Público	Socialismo	Corporativismo
	Privado	Sindicalismo	Capitalismo

Fonte: J.T. Winkler, "Corporatism", *Archives Européenes de Sociologie*, Tomo XVII, 1976 #1, p.113.

As duas versões polares do corporativismo apresentadas acima permitem que se formule a hipótese de que, embora lentamente e a despeito da necessidade de estudos mais definidos sobre as sociedades industriais, está surgindo um núcleo central na argumentação corporativista. O corporativismo, ou capitalismo organizado, é uma resposta à constatação de que "a mão invisível sofre de artrite", para utilizar as palavras de George Dalton.[44] As atuais formas corporativas de articulação de interesses em sociedades industriais constituem uma forma de *concertación* entre grupos de produtores — tais como trabalhadores, companhias, firmas, empresas organizadas, grupos financeiros e associações comerciais — *vis-à-vis* o Estado e entre os próprios grupos de produtores. O corporativismo é uma maneira de lidar com as incertezas geradas no mercado.

CORPORATIVISMO E CLIENTELISMO COMO QUADROS ANALÍTICOS

O *timing* da introdução do corporativismo em países industrializados e em países periféricos como o Brasil, o Peru e o México é responsável pela profunda diferença entre os tipos de corporativismo encontrados em países industrializados e em países semi-industrializados. Como afirma Schmitter, "alterações no modo de representação de interesses são originariamente o produto ou o reflexo de alterações anteriores e independentes na estrutura econômica e social". Variações de corporativismo, e de seu impacto, podem ser devidas a "diferenças de interseção histórica e de ponto de partida",[45] de que são exemplos os níveis de formação de classe, modos preexistentes de intermediação de interesses, cultura, e assim por diante.

No Brasil, no Peru e no México, o corporativismo foi utilizado como uma tentativa de controlar e organizar as classes inferiores através de sua incorporação ao sistema. No Brasil o corporativismo destinava-se também a disciplinar a burguesia. Mas algo diferente aconteceu nos anos iniciais da implantação dos regulamentos corporativos: através da legislação corporativa as elites no poder seduziram as classes inferiores com as vantagens da integração. Esta integração abrangeu largas parcelas da população de uma forma semi-universalista muito peculiar: as regras para a integração — e os meios para tal — são formuladas em termos legais e universais, aplicáveis a todas as relações na esfera da produção.

Nas sociedades industriais, por contraste, os arranjos corporativos que procuram influenciar o Estado emergem fora de seu domínio e associam os grupos produtores dispostos a diminuir a incerteza nos negócios.

Para a análise de países como o Brasil, na ausência de uma especificação detalhada das características das "interseções históricas" e dos "pontos de partida", há uma dissonância na argumentação corporativista. Como afirma Kaufman, "tal como desenvolvida por autores como Schmitter e Collier, a 'literatura corporativista' serviu de ponto de partida para interpretações mais refinadas de, digamos, organização do trabalho no Brasil e variações regionais nas relações Estado-partido-trabalho". De outro lado, estudos que "fetichizaram" o corporativismo como uma explicação total da realidade política dos países latinos e como guias gerais para a pesquisa em Ciência Política foram considerados menos úteis.[46] Do ponto de vista desta análise, só faz sentido focalizar o corporativismo em associação com as outras gramáticas.

Quando se contrastam corporativismo e clientelismo, fica fácil compreender como os dois fenômenos coexistem. De acordo com a definição clássica de Schmitter, o corporativismo é:

> (...) um sistema de intermediação de interesses em que as unidades constitutivas estão organizadas em um número limitado de categorias singulares, compulsórias, não-competitivas, hierarquicamente ordenadas e funcionalmente diferenciadas, reconhecidas ou permitidas (senão criadas) pelo Estado e que têm a garantia de um deliberado monopólio de representação dentro de suas categorias respectivas, em troca da observância de certos controles na seleção de líderes e na articulação de demandas e apoios.[47]

Proponho a seguinte definição de clientelismo que serve para realçar os contrastes:

> o clientelismo é um sistema de controle do fluxo de recursos materiais e de intermediação de interesses, no qual não há número fixo ou organizado de unidades constitutivas. As unidades constitutivas do clientelismo são agrupamentos, pirâmides ou redes baseados em relações pessoais que repousam em troca generalizada. As unidades clientelistas disputam freqüentemente o controle do fluxo de recursos dentro de um determinado território. A participação em redes clientelistas não está

codificada em nenhum tipo de regulamento formal; os arranjos hierárquicos no interior das redes estão baseados em consentimento individual e não gozam de respaldo jurídico.

Ao contrário do corporativismo, que é baseado em códigos formais legalizados e semi-universais, o clientelismo se baseia numa gramática de relações entre indivíduos, que é informal, não legalmente compulsória e não-legalizada.

Tanto o corporativismo como o clientelismo podem ser entendidos como mecanismos cruciais (um formal, o outro informal) para o esvaziamento de conflitos sociais. O corporativismo organiza camadas horizontais de categorias profissionais arrumadas em estruturas formais e hierárquicas. O clientelismo atravessa fronteiras de classes, de grupo e categorias profissionais.

Em muitos aspectos os trabalhos sobre corporativismo não se ocupam da dinâmica da sociedade brasileira. Esta literatura se caracteriza, com a exceção dos autores que trabalham com a Europa e de exemplos esparsos no campo dos estudos latino-americanos, pela atenção excessiva dada às instituições políticas formais e aos processos formais de formulação de políticas, sem uma preocupação maior com as relações entre grupos sociais e instituições, ou então centra seu foco nas características particulares da cultura ibérica, sem especificar as formas através das quais traços culturais se transformam em instituições.

Como mostrou Roberto Da Matta em seus trabalhos, a sociedade brasileira é extremamente forte e bem organizada fora da esfera das instituições políticas formais. Afirma que os cientistas sociais, em suas análises sobre o Brasil, freqüentemente descuraram o estudo das verdadeiras instituições sociais como o "jeitinho", a amizade, as redes de relações sociais e assim por diante, porque esses elementos são aparentemente "informais" e fluidos. Em conseqüência, a tendência é ignorá-los ou considerá-los inconseqüentes para o estudo de outros eventos políticos e sociais. De outro lado, o corporativismo, o autoritarismo burocrático, a formulação autoritária de políticas etc., tendem a ser formalizados em códigos e procedimentos legais, pelo que são analisados com mais freqüência e encarados com seriedade.

Em conseqüência, se alguém tomasse a literatura sobre corporativismo como único guia, o Brasil apareceria como um quebra-cabeça insolúvel, em que as instituições formais pareceriam estar separadas da verdadeira sociedade, como se o país fosse uma formação social esquizofrênica, composta por realidades paralelas e horizontalmente separadas: a vida social e as instituições formais.

CONCLUSÃO

No contexto de uma ampla perspectiva histórica da evolução do capitalismo moderno, destaquei a existência de quatro gramáticas para as relações Estado-sociedade no Brasil. As gramáticas foram estabelecidas tendo como base o personalismo e o impersonalismo. O clientelismo tipifica uma gramática personalista em oposição ao universalismo de procedimentos, que é a epítome do impersonalismo. O corporativismo e o insulamento burocrático são penetrados tanto pelo personalismo como pelo impersonalismo.[48] Enquanto gramáticas semipessoais e semi-impessoais, estes últimos estabelecem parâmetros formais sob os quais os indivíduos podem ser considerados iguais ou desiguais. Não obstante, são também profundamente penetrados pela lógica personalista do clientelismo: o corporativismo auxiliou na criação de milhares de empregos públicos, que foram preenchidos na base de princípios clientelistas. Além disso, muitos líderes sindicais beneficiaram-se de dispositivos corporativistas para manter longos mandatos em sindicatos e federações e se tornarem prestadores de favores, muitas vezes de forma clientelista. De outro lado, o insulamento burocrático, como Fernando Henrique Cardoso mostrou, permitiu a existência de "anéis burocráticos" tipicamente baseados em trocas personalistas.

Os partidos políticos desempenharam um papel crucial na ligação entre a gramática do clientelismo e as normas universalistas da democracia representativa instaurada no Brasil em 1945. A Figura 1 apresenta uma

FIGURA 1

Tipos de Gramáticas para Relações Estado *vs.* Sociedade

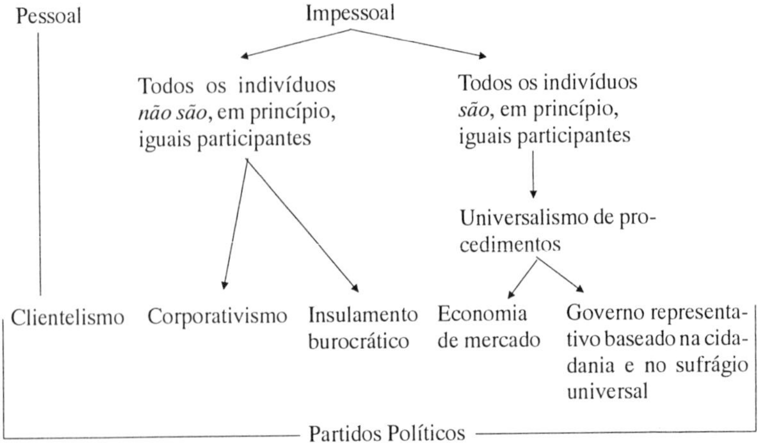

esquematização das quatro gramáticas discutida neste capítulo, aplicadas ao contexto brasileiro, e indica o processo de "fertilização cruzada" que ocorre na operação real das gramáticas.

NOTAS

1. R. Stephen Warner, "The Methology of Marx's Comparative Analysis of Modes of Production", in Ivan Vallier (org.), *Comparative Methods in Sociology*, p.58.

2. Pierre Bourdieu, "Condição de classe e posição de classe", in Neuma Aguiar (org.), *Hierarquias em classes*; Anthony Giddens, *The Class Structure of Advanced Societies*; Youssef Cohen, "Popular Support for Authoritarian Governments: Brazil under Medici", Tese de Doutorado, p.56 e seg.; Neuma Aguiar, "Hierarquias em classes: uma introdução do estudo da estratificação social", in *Hierarquias em classes*.

3. Max Weber, "Class, Status, and Party", in Gerth e Mills, *From Max Weber*; Arthur Stinchcombe, *Economic Sociology*, p.240 e seg.

4. Reinhard Bendix, *Nation-Building and Citizenship*, p.127 e seg. Ver também R. Bendix, *Max Weber: An Intellectual Portrait*, p.417 e seg.; Charles Tilly (org.), *The Formation of National States in Europe*, p.17.

5. Ira Katznelson, *City Trenches: Urban Politics and Patterning of Class in the United States*, p.28; Ira Katznelson e Mark Kesselman, *The Politics of Power*, p.22 e seg.

6. George Dalton, *Economic Systems and Society: Capitalism, Communism and the Third World*, p.29 e seg.; K. Polanyi, *The Great Transformation.*

7. C. Tilly (org.), *The Formation...*, op. cit., p.81

8. Nicos Mouzelis, "Regime Instability and the State in Peripheral Capitalism: A General Theory and a Case Study of Greece", *Latin American Program Working Papers*, p.3; João Manuel Cardoso de Mello, *O capitalismo tardio.*

9. William Langer, *Political and Social Upheaval: 1832-1852*, p.45.

10. Reinhard Bendix, *Force, Fate and Freedom*, p.115.

11. Para uma discussão, ver J.E.T. Eldridge, *Max Weber: The Interpretation of Social Reality*; Gerth e Mills, *From Max Weber*, p.65 e seg., sobre "Social Structures and Types of Capitalism"; Cesar Guimarães, "Empresariado, tipos de capitalismo e ordem política", *Dados*; Florestan Fernandes, *Sociedade de classes e subdesenvolvimento.*

12. Esse tipo de argumento foi levantado por muitos autores. Como ilustração, ver Daniel Chirot, "Neo-Liberal and Social Democratic Theories of Development: The Zeletin-Voinea Debate Concerning Romania's Prospects in the 1920's and its Contemporary Importance", in Kenneth Jowitt (org.), *Social Change in Romania, 1860-1940*; Arthur Stinchcombe, *Theoretical Methods in Social History*; Reinhard Bendix, *Nation-Building and Citizenship*; Alexander Gerschenkron, *Economic Backwardness in Historical Perspective*; James Caporaso, "Industrialization in the Periphery", *International Studies Quarterly.*

13. Ver A. Stinchcombe, *Theoretical Methods in Social History*, e ainda Ralph Dahrendorf, *Life Chances.*

14. Terry Karl, "Petroleum and Political Pacts: The Transition to Democracy in Venezuela", *The Wilson Center Occasional Papers*, p.2.

15. Exemplos comparativos podem ser encontrados no volume editado por Silvia Ann Hewlett e Richard Weinert, *Brazil and Mexico: Patterns in Late Development.*

16. Bóris Fausto, *A Revolução de 1930: historiografia e história*; Francisco Weffort, *Classes populares e política.*

17. John Duncan Powell, "Peasant Society and Clientelist Politics", in Steffen W. Schmidt, James Scott, Carl Lande e Laura Guasti (orgs.), *Friends, Followers, and Factions*, p.147.

18. Kenneth Jowitt, "The Leninist Response to National Dependency", *Research Series*, p.7-8; Alan Macfarlane, *The Origins of English Individualism*, p.22 e seg.

19. Uma ilustração aguda disto é encontrada em Graciliano Ramos, *Vidas secas*. A "cláusula de proteção" torna-se clara quando o camponês é preso e espancado por um policial arbitrário e libertado pelo "coronel". O caráter explorador e hierárquico da situação é também ilustrado pela decisão insensível, tomada pelo *patron*, sobre as quantias que o camponês deve pagar ao patrão no fim do ano.

20. S.N. Eisenstadt e Louis Roninger, "Patron-Client Relations as a Model of Structuring Social Exchange", *Comparative Sudies in Society and History.*

21. Luigi Graziano, "A Conceptual Framework for the Study of Clientelism", *Western Societies Program, Occasional Papers*; Luigi Graziano, "Patron-Client Relationships in Southern Italy", in Steffen Schmidt et al. (orgs.), *Friends, Followers, and Factions*, p.360.

22. Ruben George Oliven, *Urbanização e mudança social no Brasil*, p.15 e seg.; Anthony Leeds e Elizabeth Leeds, *A sociologia do Brasil urbano.*

23. Eli Diniz, *Voto e máquina política: patronagem e clientelismo no Rio de Janeiro.* Ver também, entre outros, os artigos de Chalmers e Weingrod em Steffen Schmidt et al. (orgs.), *Friends, Followers, and Factions*; Alan Zuckerman, "Clientelist Politics in Italy", e Sabri Sayari, "Political Patronage in Turkey", in Ernest Gellner e John Waterbury (orgs.), *Patrons and Clients*; Ergun Ozbudun, "Turkey: The Politics of Clientelism", Susan Kaufman Purcell, "Mexico: Clientelism, Corporatism, and Political Stability", Judith Chubb, "The Social Basis of an Urban Political Machine: The Christian Democratic Party in Palermo", todos in S.N. Eisenstadt e R. Lemarchand (orgs.), *Political Clientelism, Patronage and Development.* Ver ainda, Judith Chubb, *Patronage, Power and Poverty in Southern Italy.*

24. Suzane Berger e Michael Piore, *Dualism and Discontinuity in Industrial Societies*; Maria Lúcia Werneck Vianna e Júlia Abulafia Salinas, "Ação coletiva e participação política do pequeno e médio empresário", *Dados*; Bila Sorj, "O processo de trabalho como dominação: um estudo de caso", *Dados.*

25. John P. Willerton Jr., "Clientelism in the Soviet Union: An Initial Examination", *Studies in Comparative Communism.* No mesmo volume ver os comentários sobre Europa Oriental, China, sociedades industriais avançadas e Japão, por um painel de especialistas. Ver ainda Jacek Tarkowski, "Poland: Patrons and Clients in a Planned Economy", in S.N. Eisenstadt e R. Lemarchand (orgs.), *Political Clientelism, Patronage and Development*; Ghita Ionescu, "Patronage under Communism", in Ernst Gellner e John Waterbury (orgs.), *Patrons and Clients in Mediterranean Societies.*

26. Um argumento para este tema pode ser encontrado em Florestan Fernandes, *Sociedade de classes e subdesenvolvimento.*

27. Utilizei a expressão "gramática" (*grammar*) para indicar a existência de diferentes combinações culturais e elementos dentro da mesma estrutura. Como afirma Clifford Geertz, ao discutir o poder explicativo das explicações culturais: "[Cultura] é

como uma gramática, e a partir de seu conhecimento nenhuma declaração real pode ser prevista (embora uma infinidade delas possa ser imaginada e outras, também, possam ser desmentidas), mas sem uma compreensão pelo menos implícita dela nenhuma declaração real pode ser feita ou entendida." Clifford Geertz, *The Social History of an Indonesian Town*, p.203.

28. A noção de troca específica e troca generalizada remonta a Marcel Mauss ("Essai sur le don"). Outros exemplos fundamentais podem ser encontrados em Malinowski (*Argonauts of Western Pacific*), Lévi-Strauss (*Estruturas elementares do parentesco*) e Marshall Sahlins (*Stone Age Economics*). A noção de universalismo e impersonalismo, enquanto componentes do padrão de troca específica nas sociedades capitalistas modernas, tem sido uma pedra angular para a sociologia e a ciência política contemporâneas. Os exemplos notáveis são, É. Durkheim, *The Division of Labor in Society*; Max Weber, *The Protestant Ethic*; Karl Polanyi, *The Great Transformation*; Talcott Parsons, *The Social System*. Uma revisão recente deste tópico pode ser encontrada em S.N. Eisenstadt e L. Roninger, "Patron-Client Relations as a Model of Structuring Social Exchange", *Comparative Sudies in Society and History*. Para o contexto brasileiro, o fecundo trabalho de Florestan Fernandes, *Sociedade de classes e subdesenvolvimento* é uma referência obrigatória. Uma aplicação direta da noção de clientelismo e patronagem no Brasil está em Anthony Leeds, "Carreiras brasileiras e estruturas sociais", in Leeds e Leeds, *A sociologia do Brasil urbano*. Um enfoque abrangente e histórico pode ser encontrado em Antônio Octávio Cintra, "Tradicional Brazilian Politics: An Interpretation of Relations Between Center and Periphery", in Neuma Aguiar (org.), *The Structure of Brazilian Development*.

29. Para um argumento de apoio ver S.N. Eisenstadt e R. Lemarchand (orgs.), *Political Clientelism, Patronage and Development*; ainda S.N. Eisenstadt e L. Roninger, "Patron-Client Relations as a Model of Structuring Social Exchange", *Comparative Studies in Society and History* e R. Lemarchand, "Political Clientelism and Ethnicity in Tropical Africa: Competing Solidarities and Nation-Building", in Steffen Schmidt et al. (orgs.), *Friends, Followers, and Factions*.

30. S.N. Eisenstadt e L. Roninger, "Patron-Client...", op. cit., p.278-9.

31. Robert Kaufman, "The Patron-Client Concept and Macro-Politics: Prospects and Problems", *Comparative Studies in Society and History*, p.291; John Duncan Powell, "Peasant Society and Clientelist Politics", in Steffen Schmidt et al. (orgs.), *Friends, Followers, and Factions*.

32. Ver os trabalhos citados na nota 23 para uma referência ao clientelismo nas sociedades leninistas.

33. Este argumento está bem desenvolvido em S. Berger e M. Piore, *Dualism and Discontinuity in Industrial Societies*.

34. Bernard Rosen, *The Industrial Connection: Achievement and the Family in Developing Societies*, p.295.

35. Takashi Mayeama, "Culture and Value System in Brazil: A Preliminary Report", *Latin American Studies*.

36. Ibid., p.162.

37. Roberto Da Matta, *Carnavais, malandros e heróis*. Ver ainda o artigo elaborado sob a inspiração de R. Da Matta, de C. Vieira, F. Costa e L. Barbosa, "O jeitinho brasileiro como recurso de poder", *Revista Brasileira de Administração Pública*.

38. Essa discussão está de acordo com Scott, Perrow, Thompson, Crozier, Landau e Eagle. Landau e Eagle afirmam que o "descolamento" é uma forma de lidar com

ambientes supercomplexos em que variáveis em excesso interagem e geram impacto na organização e em seu ambiente operativo. Scott estabelece uma distinção entre instituições totais e instituições socialmente engolfadas. Instituições socialmente engolfadas são aquelas totalmente dominadas pelo ambiente. Instituições totais, nos termos de Goffman, são aquelas capazes de se descolar do ambiente e, num certo sentido, recriar a realidade no interior da organização. Neste livro, a noção de insulamento burocrático se refere a agências que se localizam em vários pontos possíveis no contínuo entre agências socialmente engolfadas e instituições totais. O processo de proteção do centro técnico do Estado é uma tentativa de diminuir as incertezas criadas pelo ambiente institucional, no qual as agências estatais existiam antes. Esse ambiente "enquadrava" partidos políticos, as burocracias tradicionais e os movimentos sociais. A idéia de "enquadramento" foi desenvolvida por Goffman; uma explicação dos problemas colocados pela incerteza ambiental é encontrada em Crozier. Ver Richard M. Scott, *Organizations: Rational, Natural and Open Systems*; Charles Perrow, *Complex Organizations*; Martin Landau e Eva Eagle, "On the Concept of Decentralization", *Project of Managing Decentralization*; Michel Crozier, *The Bureaucratic Phenomenon*; Erving Goffman, *Frame Analysis*; Martin Landau, "Redundancy, Rationality and the Problem of Duplication and Overlap", *Public Administrative Review*.

39. Kenneth Paul Erickson, *The Brazilian Corporate State and Working Class Politics*, p.8 (grifo meu).

40. Para evidências, ver Cesar Guimarães et al., "Expansão do Estado e intermediação de interesses no Brasil", Relatório de Pesquisa.

41. Phillipe Schmitter, "Still the Century of Corporatism?", in Gerhard Lehmbruch e Philippe Schmitter (orgs.), *Trends Toward Corporatist Intermediation*; J.T. Winkler, "Corporatism", *Archives Européennes de Sociologie*. Ver ainda David Collier e Ruth Berins Collier, "Who Does What, to Whom, and How; Toward a Comparative Analysis of Latin American Corporatism", in James M. Malloy (org.), *Authoritarianism and Corporatism in Latin America*; Ruth Berins Collier e David Collier, "Inducements versus Constraints: Disaggregating Corporatism", *American Political Science Review*; e, para uma perspectiva americana, Alfred Stepan, *The State and Society: Peruvian Comparative Perspective*. Para uma avaliação européia, ver Bob Jessop, "Corporatism, Parliamentarism and Social Democracy", in G. Lehmbruch e P. Schmitter (orgs.), *Trends Toward Corporatist Intermediation*.

42. O trabalho de Stepan citado na nota anterior tenta preencher esta lacuna, da mesma maneira que o artigo de P. Schmitter no volume editado por ele. Cf. nota 39.

43. J.T. Winkler, "Corporatism", op. cit., p.103.

44. George Dalton, *Economic Systems and Society: Capitalism, Communism and the Third World*.

45. P. Schmitter, "Still the Century...", op. cit., p.91.

46. Robert Kaufman, "Trends and Priorities for Political Science Research on Latin America", trabalho apresentado no Workshop on Trends and Priorities for Research on Latin America in the 1980's, p.39.

47. P. Schmitter, "Still the Century...", op. cit., p.65.

48. Simon Schwartzman analisa a interação entre as quatro "gramáticas" na formulação da política de informática e na implantação da indústria de computadores no Brasil. Ver Simon Schwartzman, "High Technology *vs.* Self Reliance: Brazil Enters the Computer Age", *Série Estudos*.

CAPÍTULO 3

A Construção do Insulamento Burocrático e do Corporativismo e a Nacionalização do Clientelismo

Com Getúlio Vargas a Revolução de 30 inaugurou um longo período de *state building*, caracterizado pela intervenção na economia e pela centralização política e administrativa, processos que se intensificaram após 1937, com a instauração da ditadura do Estado Novo, também chefiada por Getúlio.

Durante os 15 anos do primeiro governo Vargas (1930-45), três novas gramáticas para as relações entre Estado e sociedade foram experimentadas pelas agências e regulamentos recém-criados: implementou-se a legislação corporativista, e foram criadas instituições corporativistas; ensaiou-se o insulamento burocrático, através da criação de novas agências e empresas estatais; buscou-se instaurar o universalismo de procedimentos, principalmente através de tentativas de reforma do serviço público e da implantação de um sistema de mérito.

Estas novas gramáticas "modernizantes" interagiram com uma antiga, o clientelismo, que foi traduzido para as instituições formais por meio da operação de um sistema político que beneficiava os grupos locais e estaduais remanescentes do período altamente descentralizado da República Velha, no qual as máquinas políticas desempenharam um papel fundamental.

Este capítulo retrata inicialmente a evolução histórica e a institucionalização das três novas gramáticas modernizantes surgidas com a Revolução de 30 e mostra como elas interagiram e se amalgamaram com os arranjos clientelistas previamente dominantes. Mostra ainda como o governo federal, cada vez mais forte, concentrou em suas mãos e "nacionalizou" os meios para o clientelismo. Para tanto, serão analisados o quadro institucional e o conjunto de políticas, inaugurados pelo processo de *state building* implementado a partir de 1930 e patrocinado pelo novo regime.

Pano de Fundo: o Desafio à Modernização do Estado Brasileiro

A República Velha (1889-1930) caracterizou-se como altamente conservadora, oligárquica e regionalista. Como bem ilustra esta afirmação de E.S. Pang, "uma eleição não terminava enquanto a Assembléia Legislativa ou a Câmara dos Deputados não analisasse e completasse o processo de reconhecimento dos resultados eleitorais".[1]

Este processo de reconhecimento exigia que os "coronéis" locais entrassem em acordo com os governadores e com o presidente da República, para garantir resultados que agradassem ao sistema dominante. Favores pessoais e empreguismo de um lado, e repressão de outro, caracterizaram fortemente as relações políticas neste período de *laissez-faire* repressivo.[2]

Forças urbanas como as classes médias, os militares e os intelectuais começaram, a partir da década de 20, a erguer suas vozes contra o sistema oligárquico. Nesse período, várias crises políticas coexistiram com debates que refletiam as tensões entre o sistema oligárquico, personalista e clientelista, e demandas por uma ordem pública universalista. O final da década de 20 e o início da seguinte são marcados por elevação no tom das discussões sobre a necessidade da criação de uma ordem burguesa moderna, em oposição à ordem privatista tradicional.[3]

Estes debates e crises desembocaram finalmente na Revolução de 30, cuja emergência — assim esperavam muitos de seus partidários — deveria provocar a criação da ordem burguesa moderna. Mas isto jamais aconteceu. Em muitos aspectos, o movimento de 1930 pode ser considerado uma revolução que nunca existiu. Na ausência de uma facção burguesa hegemônica, o pós-30 deu lugar no Brasil a um "Estado de compromisso",[4] caracterizado pela tentativa, da parte do governo, de agradar a muitos interesses diferentes — e mesmo antagônicos.

O novo regime implementou a centralização mas teve de contentar, ao mesmo tempo, os grupos rurais, os grupos industriais emergentes, os militares, os profissionais de classe média e os operários. Isto significou a desagregação das políticas estatais em muitas direções diferentes, a fim de tomar medidas para proteger a indústria, incorporar e domesticar os trabalhadores, proteger a burguesia cafeeira e modernizar o aparelho de Estado, na busca do universalismo de procedimentos.[5]

Longe de destruir as bases locais e personalistas da República Velha, o regime do pós-30 sustentou-se nelas para conseguir apoio. Este movimento ficou ainda mais claro após 1937, quando a ditadura se instalou, e o ditador teve de se apoiar ainda mais fortemente em medidas não-universalistas para conter as pressões regionais e locais. O resultado foi a criação de mecanismos para substituir os legislativos locais e a nomeação de interventores para desempenhar a função de governador de estado e prefeito em todo país.

No âmbito do governo federal, a nova ordem pós-30 contribuiu para institucionalizar a gramática da troca generalizada que caracterizou a República Velha. Uma vez que o Estado de compromisso significava a tomada de decisões às vezes contraditórias para agradar a grupos opostos, o primeiro governo Vargas conferiu expressão institucional às pressões contra o clientelismo, criando no interior do aparelho de Estado tensões entre seus partidários e os defensores do universalismo de procedimentos.

Com a Revolução de 30, Getúlio assumiu o poder enfrentando uma série de enormes desafios: na política interna, uma coalizão de apoio fragmentada; na economia interna, uma grave depressão que ameaçava a poderosa oligarquia cafeeira e a arrecadação do Estado; no âmbito das relações econômicas internacionais, um dramático estrangulamento das exportações e a necessidade imediata de renegociar a dívida, associada a fortes pressões de bancos estrangeiros, que queriam impor condições para emprestar dinheiro ao Brasil. Este conjunto multifacetado de desafios exigia pronta ação por parte do governo.

Vargas respondeu a esta sobrecarga de desafios com um conjunto de medidas, que se iniciaram em 1930 e estenderam-se até 1945, mudando para sempre a face do Brasil. O processo de mudança então desencadeado incluía: a) intervenção estatal na economia, através da criação de agências e programas, políticas de proteção ao café e transferência de todas as decisões econômicas relevantes para a esfera do governo federal; b) centralização política, reforma administrativa, racionalização e modernização do aparelho de Estado; c) redefinição dos padrões de relacionamento entre oligarquias locais e estaduais, intensificação das trocas entre o governo federal e os grupos estaduais, com a simultânea centralização dos instrumentos para o exercício do clientelismo; d) incorporação do trabalho em moldes corporativos.

O conjunto de medidas postas em prática por Getúlio deu expressão institucional a um labirinto de tendências aparentemente contraditórias. Primeiro, o universalismo de procedimentos foi perseguido pela reforma do serviço público e pelo estabelecimento do sistema de mérito, sob a supervisão do Departamento de Administração do Serviço Público (DASP). Segundo, o insulamento burocrático foi conseguido com as recém-criadas autarquias, com as atividades do mesmo DASP — em seu papel de órgão consultivo da Presidência e de agência de formulação de políticas — e mais tarde com a criação de empresas estatais. Terceiro, o clientelismo foi exercido através de um intricado conjunto de relações com grupos municipais e estaduais, baseado numa hierarquia de vínculos e favores que incluíam emprego no governo, participação em conselhos consultivos especiais, além de redes estabelecidas pelos interventores nomeados para substituir todos os governadores — com exceção do de Minas Gerais. Finalmente, as práticas corporativistas foram garantidas pelas novas provisões legais, pelo recém-criado Ministério do Trabalho, pela Justiça do Trabalho, pelos institutos de previdência social e mais tarde pela Consolidação das Leis do Trabalho (CLT).

Em 10 de outubro de 1940, data do décimo aniversário da Revolução, Getúlio expressou, em discurso, a carga de desafios que seu governo teve de enfrentar. Afirmava ele que até 1929, no que se referia à organização política, o Brasil era dominado por uma ficção eleitoral. Quanto à vida econômica, o *laissez-faire* e o não-intervencionismo estatal estavam em franco desacordo com a atmosfera mundial de planejamento e controle. Nas finanças públicas, a desordem e a dissipação haviam se transformado em princípios fundamentais, com excessivo e abusivo recurso a créditos internacionais por parte dos estados da federação. No terreno da educação, imperava a rotina; no serviço público reinava a patronagem. Os estados e municípios, com raras exceções, não eram mais do que organizações feudais nas quais a sucessão política permanecia como privilégio privado. Os negócios públicos e os negócios privados, domésticos, eram tratados da mesma forma e, muitas vezes, acontecia que os últimos determinavam a solução dos primeiros.[6]

Um breve resumo das respostas a esse conjunto de desafios demonstrará como o governo Vargas alterou profundamente a face do país e as razões por que o presidente se sentiu justificado para pronunciar um discurso tão crítico.

State Building: Centralização Política e Administrativa

Getúlio tomou atitudes imediatas contra a estrutura federativa da República Velha: cassou o mandato de todos os governadores — com exceção do de Minas Gerais, já mencionado — e nomeou interventores para governar os estados. Muitos deles, agentes pessoais do presidente, foram escolhidos nas fileiras dos antigos "tenentes", isto é, jovens e modernizantes oficiais do Exército que tinham participado da Revolução de 30. Assim, esses jovens oficiais substituíram os políticos "carcomidos" da República Velha.

A posição do interventor enfeixava enorme prestígio e volumosos recursos próprios à patronagem.[7] De fato, muitos interventores tornaram-se importantes líderes políticos dos partidos conservadores do período pós-45. Para substituir os "carcomidos" e governar os estados, os interventores tiveram de firmar coalizões com facções das oligarquias estaduais, o que certamente enfraqueceu o ímpeto revolucionário das novas administrações.

Esse processo de coalizão com facções das oligarquias assumiu contornos diferentes em diferentes estados, sendo que alguns passaram por um período de conflito aberto com os "tenentes" e com o governo federal, antes de entrar em acordo com este último. Em Minas Gerais, onde a política era muito fragmentada, ficou claro desde o início que a administração federal "modernizante" viria a se desentender com as importantes e resistentes oligarquias locais.[8] Em São Paulo a coalizão entre os "tenentes" e a oligarquia local passou por vários estágios, desde o começo da nova administração, e foi gravemente ameaçada pela Revolução Constitucionalista de 1932. Somente depois de derrotar a insurreição o governo federal pôde reiniciar suas tentativas de se aproximar da oligarquia paulista.[9]

Já em Pernambuco, Getúlio estabeleceu uma coalizão com as facções mais periféricas da oligarquia do interior, e ao mesmo tempo promoveu aberturas populistas em direção aos pobres urbanos. Esta estratégia abriu mais espaço para a autonomia federal em relação à oligarquia dominante até então. Para neutralizar uma oligarquia, Vargas firmava coalizões com facções oligárquicas periféricas.[10]

Entretanto, no plano federal o regime prosseguiu na direção da centralização e da racionalização. As ações iniciais de Vargas foram precedidas por uma lei de poderes especiais decretadas em 11 de novembro de 1930, que lhe conferia poderes legislativos e executivos. Antes do final de 1930 Getúlio já tinha criado dois novos ministérios: Educação e Saúde e Trabalho, Indústria e Comércio.

Em 1931, além de criar uma comissão para analisar as finanças dos vários níveis de governo, Getúlio nomeou uma comissão legislativa para proceder à reforma dos códigos legais; reformas legais, entretanto, só ganharam impulso após a instauração da ditadura em 1937. Também em 1931 foi criada uma comissão para centralizar a aquisição de materiais para o governo (Comissão Central de Compras). Antes do final desse mesmo ano, Getúlio lançou o Código dos Interventores, que proibia os estados de contrair empréstimos externos sem prévia aprovação do governo federal, vetava o uso de mais de 10% do orçamento dos estados para as polícias estaduais e proibia os estados de adquirir para suas polícias artilharia pesada e aviação militar em proporção que excedesse a força do Exército nacional.

O governo Vargas é marcado pela forte preocupação com coisas *nacionais*, em oposição aos aspectos regionais ou locais. Depois da Revolução de 30 foi criado o Departamento de Imprensa e Propaganda (DIP), para difundir em todo o território nacional informações fornecidas pelo governo — este departamento foi reformado em 1934 e em 1939. Outro indicador importante da preocupação de Getúlio com relação à criação de algo *nacional* foi o lançamento de *A Voz do Brasil,* programa radiofônico de cunho propagandístico que tratava de temas nacionais e que todas as estações de rádio do país eram obrigadas a transmitir diariamente.[11]

Em oposição à suposta irracionalidade da República Velha, o primeiro governo Vargas é também marcado pela forte preocupação com coisas *racionais*. Após a instauração da ditadura em 1937, um dos primeiros atos de Getúlio foi a extinção de todos os partidos políticos, através do decreto-lei nº 37, de 2 de dezembro de 1937. Nas palavras de Gustavo Capanema, um dos ideólogos do Estado Novo, "uma vez extintos os partidos, as aspirações do povo foram canalizadas diretamente para o governo federal, através da voz dos organismos representativos das várias classes sociais."[12]

A interpretação de Capanema sobre a necessidade de estruturas corporativas reflete bem a mentalidade das elites dirigentes e estabelece as bases para a institucionalização do corporativismo como mais um aspecto da busca da racionalidade, que caracteriza a nova administração. Em 1931 foi assinada uma nova lei trabalhista, que "definia quem podia ser sindicalizado. Além disso, o funcionamento do sindicato passou a depender de seu registro no recém-criado Ministério do Trabalho."[13]

Um novo decreto-lei de 1932 determinou que apenas os trabalhadores sindicalizados poderiam apresentar suas reclamações à Justiça do Trabalho. A Constituição de 1934 revogou essas disposições, mas impediu que trabalhadores não-sindicalizados se beneficiassem de contratos coletivos de trabalho. Finalmente, em 1932 foi instituída a carteira de trabalho, que garantia ao trabalhador benefícios da lei trabalhista.[14] Segundo Wanderley Guilherme dos Santos, a regulamentação das profissões, a carteira de trabalho e os sindicatos regulados pelo Estado constituem os três parâmetros básicos para a definição da cidadania no Brasil.[15]

A estrutura corporativa criada depois de 1930 contribuiu ainda para a centralização e a estatização dos instrumentos para o clientelismo. A criação do "Ministério do Trabalho, com seus departamentos regionais, a Justiça do Trabalho, os sindicatos, as federações e as confederações (...)

gerou milhares de novos empregos."[16] A criação de vários outros ministérios e de dezenas de agências produziu milhares de empregos para indivíduos de classe média, advogados, burocratas e intelectuais, contribuindo para ampliar a presença do Estado na vida nacional.[17]

A ditadura de 1937 aprofundou o processo de centralização e racionalização. O Poder Legislativo deixou de funcionar, o DIP foi encarregado da censura de filmes, programas de rádio e da imprensa, e greves e locautes foram considerados "comportamento anti-social".

A Constituição de 1937 foi um documento engenhosamente concebido para cassar abruptamente direitos e garantias de todos os cidadãos, exceto do governo federal. Este documento foi exemplarmente complementado pelo decreto-lei nº 1022 (08.04.1939), conhecido como Lei dos Estados e Municípios. O artigo 2º da Constituição de 37 acabava com os símbolos, bandeiras e hinos de todos os estados; apenas os símbolos nacionais seriam aceitos como politicamente legais. Os estados deveriam ser governados pelo interventor e pelo Departamento de Administração. Entretanto, a maioria das políticas e das legislações implementadas pelos estados dependia de aprovação presidencial.

Para suspender todos os direitos civis foi constitucionalmente declarado o "estado de emergência", que permaneceu em vigor até 1945, quando extinto pelo regime democrático que sucedeu ao Estado Novo.

O primeiro governo Vargas deu início, igualmente, a um processo de insulamento burocrático. O DASP, criado pela ditadura em 1937, constitui talvez o mais importante exemplo de insulamento burocrático daqueles anos e simboliza a busca da racionalidade que caracteriza o período. Como um correlato para "racionalização", a centralização, a padronização e a coordenação constituíram os objetivos máximos do DASP. O sistema coordenador, para empregar um jargão daspiano, teve início com a criação da Comissão Central de Compras em 1931 e prosseguiu com a constituição do Conselho Federal do Serviço Público e das Comissões de Eficiência, em 1936.[18] Em 1938, a criação do DASP coroou a constituição do sistema organizador.

O DASP era um organismo paradoxal, porque combinava insulamento burocrático com tentativas de institucionalização do universalismo de procedimentos. Criado para racionalizar a administração pública e o serviço público, o departamento preocupava-se com o universalismo de procedimentos em assuntos relacionados com a contratação e a promoção dos funcionários públicos. Nesse aspecto o DASP representava a fração moderna dos administradores profissionais, das classes médias e dos militares, tornando-se um agente crucial para a modernização da administração pública. Embora jamais tenha completado sua missão, o DASP deu inúmeros passos positivos para a modernização do aparelho de Estado e para a reforma administrativa.[19]

Mas o DASP possuía uma outra face: o papel de conceber e analisar criticamente o regime autoritário. Como tal, implementou o insulamento burocrático e desempenhou várias funções antagônicas ao universalismo de procedimentos que ele próprio defendia, como agente da modernização.

O DASP sustentou um processo de centralização sem precedentes no país. As Comissões de Eficiência estavam instaladas em todos os ministérios, mas se reportavam diretamente ao DASP. Praticamente todas as medidas legais importantes lançadas por decreto do ditador eram analisadas pelo Departamento, seja como resposta à legislação originada nos ministérios ou como iniciativa do próprio DASP. Estas outras funções desempenhadas pelo departamento permitiram identificá-lo, no período democrático subseqüente, como um rebento da ditadura, o que resultou em seu ocaso depois da redemocratização em 1945.[20]

O processo de centralização abrangeu também os estados, compelidos pelo DASP a criar departamentos de administração, os "Daspinhos", que se reportavam diretamente à sua matriz federal e desempenhavam funções de fiscalização das ações dos interventores. Os "Daspinhos" constituíram-se em linhas adicionais de transmissão da cadeia de centralização.[21] Suas funções eram reguladas pelo mesmo decreto que regulava as funções do interventor. Atuavam como o corpo legislativo de cada estado e supervisionavam as atividades de interventores e prefeitos, suas leis e decretos, além do orçamento.[22]

A Lei dos Estados e Municípios, de 1939, foi o golpe de misericórdia no sistema federativo criado em 1891. Não restou nenhuma autonomia legislativa aos estados e municípios. A aprovação do governo federal era necessária para todos os assuntos importantes. A arrecadação, vital para a autonomia estadual, foi praticamente toda transferida para o governo federal, pondo um fim à autonomia local e reduzindo drasticamente os recursos para o clientelismo, antes à disposição das elites regionais. Os estados passaram a controlar apenas os impostos territoriais, os alvarás e o imposto *ad valorem* de 10% sobre as exportações estaduais.

Corporativismo e insulamento burocrático caminharam lado a lado com o processo de centralização e racionalização do Estado brasileiro. Este processo significou a transferência para o governo federal de quase todos os recursos para o exercício do clientelismo. Na verdade, uma das possíveis conseqüências não antecipadas da busca da racionalidade, da corporativização, do insulamento burocrático e do universalismo de procedimentos com centralização, busca esta patrocinada pelo novo regime, foi um verdadeiro processo de "nacionalização" dos recursos para o clientelismo, com o governo federal se transformando no único e todo poderoso *patron*.

STATE BUILDING: INTERVENÇÃO NA ECONOMIA

A intervenção do Estado na economia, iniciada no primeiro governo Vargas, já foi analisada e documentada por muitos autores. Será necessário apenas uma breve referência, com o objetivo de completar o modelo que permitirá o conhecimento integrado do processo de centralização dos recursos clientelistas.

O processo de intervenção do governo na economia corre paralelamente à busca da centralização política e administrativa. Um exemplo claro foi o confisco do controle da política do café das mãos de São Paulo em 1931, através da criação do Conselho Nacional do Café.

No final de 1930 Getúlio entregou o monopólio do câmbio ao Banco do Brasil. Em 1931 estabeleceu-se também o controle direto de todas as transações em moeda estrangeira de acordo com uma lista de prioridades governamentais. Em 1932 foi criada a Caixa de Mobilização Bancária (CAMOB) do Banco do Brasil, como a primeira — e malsucedida — instituição de controle monetário e financeiro.[23]

A intervenção na economia foi realizada de três maneiras: a) criação de agências regulatórias e adoção de políticas regulatórias; b) criação de institutos e agências estatais para a "defesa econômica" de determinados produtos e indústrias; c) criação de empresas estatais e autarquias. No Anexo estão listadas cronologicamente as novas agências criadas e as mais importantes iniciativas políticas tomadas no período pós-30, com o objetivo de documentar a intensidade do processo de construção do Estado, de centralização administrativa e de intervenção na economia, ocorrido durante o primeiro governo Vargas.

O avanço da intervenção na economia foi entrelaçado com o da criação dos meios institucionais para uma intervenção efetiva. No período pós-30 estes processos caminharam paralelamente à centralização administrativa, à criação de novas agências e à busca de racionalidade, o que deu origem a muitas agências estatais especiais.

A informação tornou-se matéria-prima vital: era necessário conhecer a extensão da dívida pública, o número de funcionários trabalhando no setor público, o número de agências do Estado. Novas agências foram criadas para enfrentar esse desafio.

O mesmo padrão de criação de agências para enfrentar desafios específicos teve lugar em todas as outras esferas do governo, gerando um processo realimentador: a necessidade de controle e informação para lidar com sucesso e com a incerteza interna e externa resultou na criação de novas agências e políticas que, por sua vez, geravam nova necessidade de mais intervenção e mais centralização. A ditadura protegeu este processo, tornando praticamente impossível para qualquer um desafiar o Estado. Ela funcionou como um escudo para a expansão do próprio Estado.[24]

A noção de que a intervenção do Estado na Economia e a expansão estatal refletiam um propósito deliberado não é, no entanto, consensual. O debate torna-se interminável quando se tenta saber se as políticas de proteção ao café do início da década de 30 eram ou não políticas keynesianas *avant la lettre*. Celso Furtado afirma que as políticas econômicas de Vargas eram de natureza keynesiana. Outros autores declaram, entretanto, que eram políticas ortodoxas e que não visavam a uma sustentação do crescimento econômico pelo Estado, através da utilização planejada dos déficits orçamentários.[25] O argumento é o de que os déficits existentes no início do governo Vargas eram devidos a causas circunstanciais, tais como os ônus impostos pela grande depressão e pela Revolução de São Paulo em 1932, que exigiram enormes dispêndios. Outros autores ainda afirmam que a verdade fica a meio caminho: as políticas do café e outras tentativas propositadas do Estado para sustentar a economia tiveram um forte impacto no crescimento econômico e na recuperação pós-depressão, mas este impacto, entretanto, não foi tão fundamental quanto alegou Celso Furtado.[26]

Estudos recentes fortaleceram a noção de que a "consciência do atraso" desempenhou um papel-chave no avanço da intervenção na economia.[27] De outro lado, aqueles que argumentavam contra a existência de uma ação planejada e integrada de crescimento econômico liderado pelo Estado parecem também pisar em terreno sólido: embora o atraso fosse percebido como um obstáculo a ser superado, até meados da década de 50 nenhuma política econômica foi esboçada de forma coerente para estimular a industrialização.

A industrialização liderada pelo Estado depende, nitidamente, da criação de meios apropriados para financiar, subsidiar, controlar e supervisionar o processo. Estes meios começaram a ser criados no início dos anos 30 e mais claramente tornaram-se parte do estoque de idéias dos formuladores de políticas depois de 1937, quando a noção de "Estado nacional" se tornou mais difundida. Com referência às características do aparelho de Estado em 1941, o DASP retrata os níveis de complexidade conseguidos pela estrutura estatal a partir de 1930. Em 1941 a configuração do estado já é altamente complexa, antecipando em larga escala o seu processo de expansão nas décadas subseqüentes.

A partir da observação dos Quadros 2 e 3 pode-se identificar os vários tipos distintos de intervenção do Estado, resumidos acima. A variedade de agências e funções existentes no início da década de 40 serviu para diferentes objetivos nos anos seguintes. Os institutos de previdência social, em contraste com as unidades de produção, serviram a propósitos clientelistas, perderam sua eficiência e terminaram substituídos por um sistema nacional de previdência social, durante o governo militar instalado em 1964. De outro lado, as unidades de produção, dependentes do insulamento burocrático, floresceram, expandiram seu papel e presença e, finalmente, multiplicaram seu número para cerca de 500, durante o regime militar. Os dispositivos corporativistas permaneceram em vigor e se expandiram numa teia de conselhos econômicos, conferindo um nítido ar de corporativismo social às primeiras instituições estatais corporativas.

A institucionalização do corporativismo, do insulamento burocrático e o início do universalismo de procedimentos emergiram como resultado e, ao mesmo tempo, realimentaram o processo de construção do Estado, a centralização, a incorporação regulada do trabalho e a intervenção na economia. A concentração e a nacionalização dos recursos para o exercício do clientelismo transformaram o governo federal no principal *patron* e permitiram a institucionalização combinada das quatro gramáticas em âmbito nacional. A partir desse período, o clientelismo não pôde mais ser percebido como uma característica de municípios, caciques e coronéis. As quatro gramáticas tornaram-se parte do estoque de alternativas políticas do Executivo federal.

O processo de intervenção do Estado acelerou-se com a instauração da ditadura em 1937 e com o envolvimento do Brasil na Segunda Guerra Mundial. Ao final do governo Vargas, em 1945, o Brasil era um país bastante diferente comparado à República Velha. Um aparelho de Estado complexo e centralizado substituiu o velho sistema federativo e liberal, meios tecnocráticos de controle foram criados e concentrados nas mãos do Estado, regulamentos corporativos foram estabelecidos para incorporar o trabalho.

Este impressionante processo de construção do Estado beneficiou-se da existência de um regime autoritário. Os arranjos corporativistas, o recém-criado aparelho de Estado e o universalismo de procedimentos do DASP jamais tinham operado num ambiente democrático até 1945. Esta estrutura iria agora ser testada.

QUADRO 2

Indústrias e Serviços Pertencentes ao Estado e Administrados pela Burocracia Estatal, 1942 (também chamado em jargão daspiano, "Administração Direta")

Manufatura				Circulação		Imprensa e Divulgação		
Civis	Militar							
	Exército	Marinha	Aeronáutica	Comunicação	Transporte	Civil	Militar	Pesquisa
Casa da Moeda	Arsenal de Guerra General Câmara	Arsenal de Marinha da Ilha das Cobras	Fábrica do Galeão	Departamento dos Correios e Telégrafos	Estrada de Ferro Bahia Minas Estrada de Ferro Central do Rio Grande do Norte Estrada de Ferro Bragança Estrada de Ferro Goiás	Imprensa Nacional	Imprensa Militar	Instituto de Biologia Animal — IBA Instituto de Química Agrícola — IQA Laboratório da Produção Mineral — LPM Instituto Oswaldo Cruz — IOC Laboratório Nacional de Análises — LNA Gabinete de Fisioterapia e Radiologia da Polícia — GFRPM Instituto Nacional de Tecnologia — INT Instituto Nacional de Óleos — INO
Fábrica Nacional de Motores	Arsenal de Guerra do Rio de Janeiro Fábrica de Andaraí Fábrica de Bonsucesso Fábrica de Curitiba	Arsenal de Marinha do Rio de Janeiro			Estrada de Ferro Madeira-Mamoré Estrada de Ferro Maricá			
	Fábrica de Itajubá Fábrica de Juiz de Fora Fábrica de Material de Transmissões Fábrica Getúlio Vargas Fábrica do Realengo				Estrada de Ferro S. Luiz — Teresina Estrada de Ferro Tocantins Rede de Viação Férrea Federal Leste Brasileiro Estrada de Ferro D. Teresa Cristina Porto de Natal			

Fonte: DASP, *Relatório 1942*, Presidência da República, Imprensa Nacional, Rio de Janeiro, 1943, p. 60.

QUADRO 3

Indústrias e Serviços Pertencentes ao Estado e Não-Administrados pela Burocracia Estatal, 1942 (também chamada em jargão daspiano, "Administração Indireta")

a) Autarquias

REGULAÇÃO ECONÔMICA		BEM-ESTAR		CORPORAÇÕES PROFISSIONAIS	SERVIÇOS INDUSTRIAIS
PRODUÇÃO	TRANSPORTES	BEM-ESTAR	CRÉDITO		
INP — Instituto Nacional do Pinho INM — Instituto Nacional do Mate INS — Instituto Nacional do Sal IAA — Instituto do Açúcar e do Álcool DNC — Departamento Nacional do Café	CMM — Comissão de Marinha Mercante	IPASE — Instituto de Previdência e Assistência dos Servidores do Estado IAPI — Instituto de Aposentadoria e Pensões dos Industriários IAPB — Instituto de Aposentadoria e Pensões dos Bancários IAPC — Instituto de Aposentadoria e Pensões dos Comerciários IAPETEC — Instituto de Aposentadoria e Pensões dos Empregados em Transportes e Cargas IAPM — Instituto de Aposentadoria e Pensões dos Marítimos IAPE — Instituto de Aposentadoria e Pensões da Estiva CAP — Caixa de Aposentadoria e Pensões SAPS — Serviço de Alimentação da Previdência Social	Caixas Econômicas Federais	OAB — Ordem dos Advogados do Brasil CFEA — Conselho Federal de Engenharia e Arquitetura	Estrada de Ferro Central do Brasil Estrada de Ferro Noroeste do Brasil Rede de Viação Panamá — Santa Catarina Lloyd Brasileiro Serviço de Navegação da Amazônia e Administração do Porto do Rio de Janeiro

b) Corporações Estatais:

FINANCEIRO	INDÚSTRIA
Instituto de Resseguros do Brasil	Companhia do Vale do Rio Doce
Banco do Brasil S.A.	Companhia Siderúrgica Nacional
Banco de Crédito da Borracha	

Fonte: DASP, *Relatório 1942*, Presidência da República, Imprensa Nacional, Rio de Janeiro, 1943, p.69.

State Building: O Longo Impacto dos Obstáculos Internacionais

A construção de modernas estruturas estatais no Brasil foi controlada, a partir do século XIX, por elites estatais bem capacitadas.[28] Durante os primeiros 30 anos do século XX, o papel do governo federal manteve-se limitado pelas disposições federativas da Constituição de 1891. Os estados e as oligarquias agrárias que os dominavam controlavam todas as cartas do jogo político nacional, pois não havia partidos políticos nacionais naquele período.

Refletindo a forte reação contra a centralização do tempo do Império, a Constituição de 91 transferiu aos estados grande liberdade de ação em matéria política e fiscal. O governo federal tinha jurisdição exclusiva para taxar importações, enquanto os estados tinham jurisdição exclusiva para taxar a exportação de bens produzidos dentro de seu território, as propriedades imobiliárias, as indústrias e as profissões, podendo, ainda, manter suas próprias polícias e contrair empréstimos externos.

Desde o Império as receitas do setor público dependiam quase totalmente das tarifas de importação (ver Gráfico 1). A taxação sobre o

GRÁFICO 1

Brasil: 1900-1943

Taxa de Importação como Porcentagem dos Rendimentos do Estado

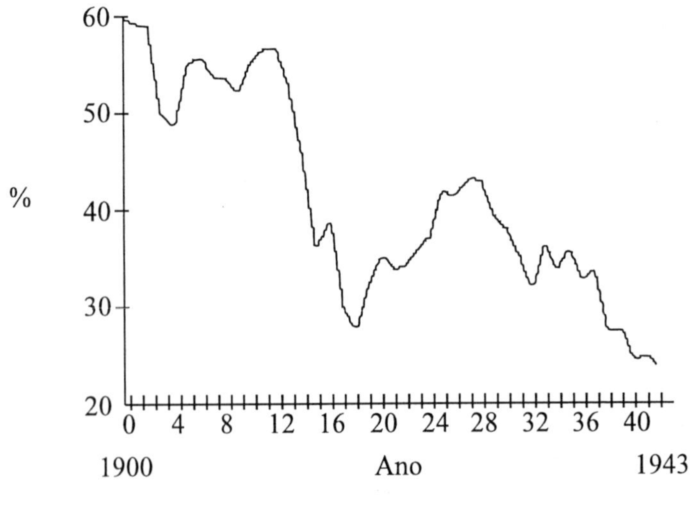

consumo fornecia a segunda maior fonte de receita do Estado: 21% do total da receita em 1930, 20% em 1935, e cerca de 29% em 1942. O imposto sobre a renda das pessoas físicas, cuja arrecadação teve início em 1924, permaneceu por um longo período como uma fonte irrelevante de receita: era responsável por apenas 2,17% do total da arrecadação em 1924, 4,47% em 1929, 7,75% em 1933, 11,82% em 1938, e cerca de 20,52% em 1942.[29]

A estrutura da arrecadação mostra uma mudança marcante apenas a partir da década de 50. Os impostos sobre importação representavam 11%, 11% e 7% do total da arrecadação em 1950, 1960 e 1970, respectivamente. Os impostos sobre consumo atingiram os níveis de 63%, 57% e 67% em 1950, 1960 e 1970, nessa ordem. Nesses mesmos anos, o imposto sobre a renda das pessoas físicas cresceu para 26%, 32% e 28% do total.[30]

A grande depressão do final da década de 20 revelou a fragilidade de um Estado cuja principal fonte de renda depende do comércio exterior. O preço do café caiu de 22,5 centavos de dólar, em setembro de 1928, para 8 centavos de dólar, em setembro de 1931. O comércio exterior do Brasil restringiu-se de forma dramática: as exportações despencaram de 446 milhões de dólares, em 1929, para 181 milhões, em 1932, e as importações caíram de 417 milhões de dólares, em 1929, para 108 milhões, em 1932. Sem moeda forte e com reduzidas receitas de exportação, o país não podia pagar sua dívida externa; a remessa de ouro foi uma solução apenas temporária, que levou à dissipação das reservas no final de 1931. "A relação entre o serviço da dívida pública e as exportações cresceu de (...) 15% para (...) 43% no período mais sério da depressão (1932-33)."[31] O Brasil parou de pagar em setembro de 1931, quando o serviço da dívida chegou a 30% das exportações.

Os banqueiros internacionais já estavam descontentes com a estrutura oligárquica e federal do Brasil há muito tempo. Ao negociar empréstimos para o país, os banqueiros ingleses freqüentemente solicitavam o estabelecimento de um sistema de governo mais centralizado. Os banqueiros pediam a centralização do processo de contabilidade, a criação de alguma espécie de banco central e o controle federal sobre os empréstimos contraídos pelos estados. Os banqueiros pretendiam ainda exigir que o governo brasileiro aceitasse a presença de especialistas estrangeiros para a realização de uma auditoria na economia e nas contas nacionais, com o objetivo de recomendar medidas que deveriam ser aceitas pelo Brasil.

Em 1924 os Rothschild fixaram uma política que condicionava a concessão de novos empréstimos ao país à concordância brasileira em receber um especialista britânico. A missão Montagu, como passou a ser conhecida, recomendou que o governo federal controlasse os estados a fim de proteger a credibilidade brasileira no exterior e de garantir os recursos ingleses, já comprometidos em empréstimos não pagos por alguns estados.[32]

Anos depois, em 1931, seguindo a mesma política, outro representante dos Rothschild, a Missão Niemeyer, foi enviado ao Brasil após o entendimento prévio de que o governo enviaria um convite aos técnicos escolhidos. Este "convite" era, na verdade, uma exigência do governo britânico, que desejava que o trabalho da missão aparecesse publicamente como um generoso favor prestado pelos técnicos ingleses. Os termos britânicos exigiam também que o Brasil concordasse com as recomendações feitas pela missão convidada.[33]

A insistência na centralização refletia, de um lado, a preocupação dos bancos com a segurança de seu próprio dinheiro. De outro, refletia uma realidade que teria de ser alterada cedo ou tarde, seja por pressão externa ou pela opção brasileira pela modernização: o sistema contábil brasileiro praticamente não existia, não havia boas estatísticas nem qualquer informação confiável a respeito da dívida. "Até 1916, nunca tinha sido publicado um boletim estatístico. Uma comissão instalada em 1931, para o estudo da dívida externa, encontrou uma situação de 'desordem, desperdício e irresponsabilidade' em termos de informação; era virtualmente impossível obter dados confiáveis sobre comércio interestadual, produção agrícola e balanço de pagamentos, como infelizmente vieram a constatar o ministro da Fazenda Oswaldo Aranha e Valentim Bouças."[34]

Getúlio e seus colaboradores não puderam encontrar no Tesouro nacional uma documentação suficiente para calcular o valor da dívida, o valor dos títulos em circulação, os pagamentos já efetuados e a efetuar, além dos juros a serem pagos. Na verdade, concluíram que as remessas de recursos para Londres, Paris e Nova York eram feitas a partir de faturas apresentadas pelos próprios banqueiros.

Em 1931 Vargas criou uma comissão especial para analisar a situação econômico-financeira dos estados e municípios (Decreto-lei nº 20.631 de 09.11.1931). Em 1932 (Decreto-lei nº 22.089, de 16.11.1932) as funções dessa comissão foram ampliadas para permitir a inspeção nas finanças dos estados e municípios. A comissão também inspecionava a contabilidade financeira do governo federal, promovia a classificação e organização dos contratos existentes, elaborava a contabilidade das transferências de recursos e dos juros pagos. Em 31 de dezembro de 1934, graças ao trabalho da comissão, a administração já era capaz de saber o total da dívida externa de todos os níveis do governo.[35]

Tanto a Missão Montagu, de 1924, como a Missão Niemeyer, de 1931, recomendaram a adoção de medidas para aumentar a capacidade de controle sobre as finanças e sobre a arrecadação, orçamento e avaliação, além da fiscalização. Ambas missões insistiram, ainda, na necessidade de criação de um banco central.

Se de um lado as pressões externas exigiam respostas do Estado no sentido de melhorar seu próprio poder de barganha junto aos bancos, de outro essas mesmas pressões vinham ao encontro de pressões internas similares, oriundas de jovens militares e de administradores profissionais. A crise de 1929 tornou inevitáveis as respostas do Estado.

NOTAS

1. Eul-Soo Pang, "Coronelismo in Northeast Brazil", in Robert Kern (org.), *The Caciques*, p.71.
2. Wanderley Guilherme dos Santos, *Cidadania e justiça*, p.71; Roberto Schwartz, *Ao vencedor as batatas*; Vitor Nunes Leal, *Coronelismo, enxada e voto*, p.13.
3. Otávio Ianni, *O Estado e o planejamento no Brasil*; Wanderley Guilherme dos Santos, *Ordem burguesa e liberalismo político*.
4. Bóris Fausto, *A Revolução de 1930: historiografia e história*, p.104.
5. Mario Wagner Vieira Cunha, *O sistema administrativo brasileiro*, p.90-4.
6. Citado em Morris L. Cooke, *Brazil on the March*, p.278.
7. Houve mesmo casos de ministros que deixaram suas pastas por uma interventoria, como Fernando Costa (ministro da Agricultura nomeado interventor em São Paulo em 1941) e Agamenon Magalhães (ministro do Trabalho nomeado interventor em Pernambuco em 1937).
8. Helena Maria B. Bomeny, "A estratégia de conciliação: Minas Gerais e a abertura política dos anos 30", in Angela de Castro Gomes (org.), *Regionalismo e centralização política: partidos e constituintes nos anos 30*.
9. Angela de Castro Gomes, *Regionalismo e centralização...*, op. cit., p.237.
10. Aspásia Camargo, "Authoritarianism and Populism: Bipolarity in the Brazilian Political System", in Neuma Aguiar (org.), *The Structure of Brazilian Development*.
11. Angela de Castro Gomes, "A construção do homem novo: o trabalhador brasileiro", in Lúcia Lippi de Oliveira, Monica Pimenta Velloso e Angela de Castro Gomes (orgs.), *Estado Novo, ideologia e poder*.
12. Simon Schwartzman (org.), *O Estado Novo: um auto-retrato*. Ver também, do mesmo autor, *Tempos Capanema*.
13. Wanderley Guilherme dos Santos, *Cidadania e justiça*, op. cit., p.76.
14. Idem.
15. Idem.
16. Heloísa H.T. de Souza Martins, *O Estado e a burocratização do sindicato no Brasil*.
17. Sérgio Miceli, *Intelectuais e classe dirigente no Brasil, 1920-1945*, p.132.

18. Relatório do DASP-1941, Presidência da República, p.8.

19. Gilbert B. Siegel, "The Vicissitudes of Governamental Reform in Brazil: A Study of the DASP", Tese de Doutorado; Lawrence Graham, "Civil Service Reform in Brazil: Principles versus Practice", *Latin American Monographs.*

20. Em muitos casos o DASP substituiu outros mecanismos de intermediação entre o governo federal e os estados. Nas palavras de Maria do Carmo Campello de Souza, "vedados os canais tradicionais de representação e influência, as antigas e novas oligarquias foram absorvidas ou encurraladas num sistema que tinha como fulcro as interventorias, acopladas a órgãos burocráticos subordinados ao DASP, sujeitos, por sua vez, ao presidente da República. (...) O papel do DASP é sem dúvida decisivo, não pelo que de real reforma possa ter realizado, mas pela sua função na montagem da estrutura de poder burocrático: a de um cinto de transmissão entre o Executivo federal e a política dos estados." Ver Maria do Carmo Campello de Souza, *Estado e partidos políticos no Brasil, 1930-1964*, p.86.

21. Karl Lowenstein, *Brazil under Vargas*; Maria do Carmo Campello de Souza, *Estado e partidos políticos no Brasil, 1930-1964.*

22. As tensões entre a representação política desempenhada pelos interventores e a busca da racionalidade empreendida pelo governo federal são particularmente bem ilustradas pelo decreto-lei nº 1.022 de 1939, que proibia aos interventores a contratação de parentes, mesmo distantes, exceto para funções temporárias que exigissem total fidelidade para a realização de uma determinada missão.

23. W. Suzigan, "Industrialização e política econômica: uma interpretação em perspectiva histórica", *Pesquisa e Planejamento Econômico.*

24. Embora o Brasil tivesse votado uma nova Constituição em 1934, a Lei de Segurança Nacional, aprovada pelo Congresso em 1935, substituiu de fato os poderes do Legislativo. Esta lei permitia a Vargas legislar por decreto, mesmo antes da instalação da ditadura de 1937. Ver Angela Maria de Castro Gomes, "A representação de classes...", op. cit., p.37.

25. Carlos Manoel Peláez, *História da industrialização brasileira: crítica à teoria estruturalista no Brasil*; Aníbal Villela e W. Siuzigan, "Política de governo e crescimento da economia brasileira, 1889-1945", *Monografia.*

26. Albert Fishlow, "Origins and Consequences of Import Substitution in Brazil", in Luis DiMarco (org.), *International Economic Development.*

27. Marcelo de Paiva Abreu, "A missão Niemayer", *Revista de Administração de Empresas*; Stanley Hilton, "Vargas and Brazilian Economic Development, 1930-1945: A Reappraisal of His Attitude Toward Industrialization and Planning", *Journal of Economic History.*

28. José Murilo de Carvalho, "Political Elites and State Building: The Case of Nineteenth Century Brazil", *Comparative Studies in Society and History*; Alexandre Barros, "The Brazilian Military: Professional Socialization, Political Performance, and State Building", Tese de Doutorado.

29. Relatório do DASP-1941, Presidência da República, p.84 e 100.

30. Fitzgerald, p.132.

31. Eric Baklanoff, "Development and International Economy", in John Saunders (org.), *Modern Brazil.*

32. Marcelo de Paiva Abreu, "A missão Niemayer"; Maria Lúcia Oliveira, "A tendência à centralização e o fenômeno do autoritarismo", *Dados.*

33. O *London Times* insistiu em que *Sir* Otto Niemeyer foi convidado a vir ao Brasil. Já o *New York Times* noticiou que ele fora enviado ao Brasil pelos Rothschild. O trabalho de Marcelo de Paiva Abreu confirma a notícia do *New York Times*. Ver ainda Otávio Ianni, *Estado e planejamento no Brasil*, p.15.

34. Stanley Hilton, "Vargas and Brazilian Economic Development, 1930-1945: A Reappraisal of His Attitude Toward Industrialization and Planning", *Journal of Economic History*, p.767-8.

35. Simon Schwartzman, *Bases do autoritarismo brasileiro*, p.147.

CAPÍTULO 4

Capitalismo, Partidos Políticos e Insulamento Burocrático no Regime Pós-45

O processo de construção institucional que cobre o período 1930-45 não foi desmantelado na democracia pós-45. O governo democrático acabou com as medidas e a legislação que cerceavam os direitos civis, mas não extinguiu o recém-criado aparato de Estado. O DASP foi totalmente esvaziado, mas não extinto, pelo presidente José Linhares, a despeito de sua antipatia pela agência e de muitas sugestões para que ele o fechasse. No fim, o aparato estatal provou ser crucial para a constituição dos partidos e para a competição política.

Linhares encarava o DASP e seus funcionários como uma criação do regime anterior; desrespeitou sistematicamente as tentativas de universalismo de procedimentos implantadas pelo DASP e fez um grande número de nomeações clientelistas. Além disso, aumentou os níveis salariais dos funcionários subalternos do Ministério da Educação e nomeou amigos e parentes para o serviço público.

Finalmente, através do Decreto-lei nº 8.323, de 7 de dezembro de 1945, Linhares despojou o DASP de seu papel central no planejamento, terminando com o "sistema centralizador" criado por inspiração daspiana; mais tarde, o presidente Eurico Dutra eliminou as Comissões de Eficiência. Em suma, o papel do DASP foi drasticamente reduzido, como uma reação ao passado autoritário que ele encarnava. Até 1961 não mais de 12% de todo o funcionalismo público tinha sido admitido por concurso.

Em flagrante contraste com o destino do DASP, os arranjos corporativistas surgidos nos anos 30 jamais foram desativados. Ao contrário, provaram ser instrumentos poderosos para a construção partidária nas mãos do PTB e do Ministério do Trabalho.

A democratização de 1945 não rompeu — tampouco a de 1930 o fez — a gramática personalista do clientelismo. O novo regime emergiu das entranhas da ditadura que ele ousou substituir, e as elites que administraram a transição e que, em última análise, controlaram o período constitucional e democrático pós-45 eram compostas pelas mesmas pessoas que apoiaram o regime anterior ou que dele se beneficiaram. A rede de interventores e prefeitos nomeados constituiu a base para a fundação do partido conservador, o PSD, que foi criado com os recursos para patronagem à disposição da ditadura e controlou o Congresso na eleições de 1945. Assim, o clientelismo que cresceu à sombra da estrutura social brasileira tornou-se um instrumento de engenharia política astuciosamente manipulado por aqueles que se encontravam no poder.

No meu entendimento, tanto a institucionalização do clientelismo quanto muitas das tensões e dilemas que marcaram o Brasil nos últimos anos têm sua origem e explicação nas características da transição para a democracia, ocorrida após 1945.

As transições são importantes porque é durante os anos iniciais de um regime que se forja a redefinição do instrumental institucional. Sua configuração e formato dependerão do tipo de transição que venha a ocorrer: que forças o sustentam e que forças o manipulam.[1] Em tal contexto, muitos aspectos são cruciais: como foram organizados os partidos políticos e quais eram suas metas? Até que ponto a nova Constituição refletiu e influenciou a redefinição institucional, e até que ponto ela refletiu o legado do regime anterior? As próximas seções irão explorar estas questões.

Partidos Mobilizados Internamente

A persistência e o fortalecimento do clientelismo originaram-se no processo de democratização que sucedeu o Estado Novo e nas características dos partidos e das lideranças políticas que emergiram na época.

Tomo emprestado a Martin Shefter um modelo para se compreender como funciona o clientelismo nos partidos políticos. Segundo o autor, uma combinação de fatores forja a "experiência crítica" que define o estilo de ação política de organizações partidárias: a) os valores e as preferências dos eleitores; b) os recursos à disposição do partido; c) os interesses dos líderes e dos militantes partidários.

Já as transições para a democracia, de acordo com Giuseppe Di Palma, variam de acordo com: a) a natureza do regime anterior (se autoritário ou totalitário); b) a maneira como ocorreu o colapso do regime (como resultado de revolução, evolução ou força externa); c) o tipo de atores políticos que fundam a democracia (se são nacionais, e de que tipo, ou força de ocupação).

Apesar de fatores externos terem influído na queda do Estado Novo, em virtude do clima internacional de democratização que sucedeu a Segunda Guerra Mundial, o novo regime inaugurado no Brasil evoluiu de uma situação autoritária, cuja falência resultou de fatores endógenos. A democracia instalada em 1945 foi controlada pelo mesmo aparelho político e pelos mesmos atores que estiveram no poder durante a ditadura.

O Partido Social Democrático (PSD) foi constituído em torno de prefeitos e interventores e se beneficiou dos recursos para patronagem à disposição das administrações estaduais e municipais. Além dos interventores, todas as figuras mais importantes da administração do Estado Novo participaram de sua criação.[2] Mais ainda, o candidato do PSD, general Eurico Dutra, venceu a primeira eleição presidencial do novo regime, tendo recebido forte apoio político de Getúlio. É importante notar que Dutra foi ministro da Guerra durante todo o período do Estado Novo.

O PSD constituiu o protótipo do que Shefter denomina de "partido mobilizado internamente" ou "partido de dentro" para utilizar a expressão de Thomas Skidmore.[3] Ele permaneceu como o partido mais forte no Brasil desde sua criação até 1964.

Partidos que se originam dentro do regime cujo lugar vão ocupar — uma vez que a mudança não é resultado da criação revolucionária de uma nova ordem — nascem com um estoque de recursos para patronagem que podem ser manipulados por elites identificadas com o *status quo*, que precisam de apoio popular para permanecer no poder após a mudança de regime. Partidos mobilizados internamente são organizações políticas nascidas no interior do *Ancien Régime*, com o controle sobre seus recursos. A estratégia inicial de conseguir apoio em troca de patronagem fornecida pelo tesouro, acrescida à lógica de coalizões políticas entre elites partidárias, constitui a "experiência crítica" desses partidos, uma experiência de que os partidos têm tido muitas dificuldades para se libertar, pelo menos no curto intervalo de uma única geração.[4]

O Partido Trabalhista Brasileiro (PTB) foi outro partido gestado dentro do Estado. Criado a partir do Queremismo — movimento orquestrado para eleger Getúlio como o primeiro presidente democrático —, o partido absorveu a face do getulismo que não estava representada no PSD. O PTB foi organizado por aliados de Vargas como Marcondes Filho (ministro do Trabalho de 1941 a 1945) e Alberto Pasqualini, com o estímulo do próprio Vargas. Apesar de a base de sua estrutura formal ser menor que a do PSD, o PTB contava com o carisma de Getúlio e com a "base organizacional industrial urbana" da estrutura sindical criada por ele.[5] Se em 1945 o PTB apresentou candidatos em apenas 14 estados, já em 1947 estava representado em todas as 21 unidades da federação. Cedo o partido pôde dispensar recursos oriundos do governo; os recursos para patronagem concedidos ao PTB foram utilizados para fortalecer a mobilização operária.[6]

No início da década de 50, o partido cresceu como resultado da eleição de Getúlio à presidência da República. Mais tarde, João Goulart, como ministro do Trabalho e depois vice-presidente da República, passou a manipular recursos estatais para fortalecer ainda mais o partido.

À época de sua formação, o PSD e o PTB dispunham de recursos para patronagem que as elites partidárias decidiram utilizar para obter apoio via clientelismo. Os seguidores e os membros dos partidos reconheciam e aceitavam essa troca como legítima e desejável para os partidos.

A União Democrática Nacional (UDN), ao contrário, foi criada a partir de uma base política diferente, com pelo menos um potencial para ser um partido "mobilizado externamente". Aqueles que não tinham aderido à estratégia de Getúlio, os que esposavam valores diferentes, ou mesmo os esquerdistas, juntaram-se para formar a UDN. Segundo Maria Vitória Benevides, a UDN reuniu cinco tipos de autores: a) oligarcas desalojados pela Revolução de 30; b) antigos aliados de Vargas que tinham sido marginalizados depois de 1930 ou 1937; c) aqueles que participaram do Estado Novo mas se afastaram antes de 1945; d) grupos liberais com forte identificação regional; e) esquerdistas.[7]

Originalmente, o discurso universalista era uma característica de frações da elite nacional da UDN. Sua retórica pública era marcada pelo combate à corrupção administrativa, pelo cultivo do individualismo universalista e pelo horror ao paternalismo de Getúlio. No Congresso, a UDN apoiou todos os projetos que defendiam a moralização administrativa.[8] Entretanto, o discurso universalista da elite nacional do partido não refletia a mentalidade de toda a UDN e seus eleitores. Como aponta Maria Vitória Benevides, havia várias UDNs dentro da mesma estrutura partidária: em geral, os *autênticos* e os *pragmáticos* constituem os pólos mais relevantes. Os primeiros propunham permanecer fiéis à gramática do universalismo de procedimentos, enquanto os pragmáticos (ou *adesistas*) desejavam juntar-se ao fisiologismo. Isto gerou um distanciamento entre as duas facções: "a *eterna vigilância* e o *eterno compromisso*, sendo que a última participou do governo de união nacional de Dutra e até do segundo governo Vargas".[9]

Em seu estudo clássico sobre o lacerdismo no estado da Guanabara, Gláucio Ary Dillon Soares mostra que Carlos Lacerda e suas idéias eram apoiadas basicamente (73%) por profissionais liberais, gerentes, supervisores e funcionários em cargos administrativos, concluindo que o "lacerdismo é predominantemente liberal, não-intervencionista e favorável ao capital estrangeiro". Entretanto, o autor enfatiza que a Guanabara era um estado moderno e politizado, e não representava o país como todo.[10]

Lacerda, por sua vez, opunha-se ferozmente a coalizões com o PSD ou o PTB. Em 1958, por exemplo, na convenção da UDN no antigo estado do Rio de Janeiro, que iria aprovar a coalizão com o PTB para enfrentar o PSD nas eleições para governador, Lacerda deslocou-se para Niterói para lutar pessoalmente contra a coalizão. O que aconteceu naquela convenção é ilustrativo das contradições que coexistem dentro do partido. Embora os velhos udenistas fossem contrários à aliança, a decisão de formar uma coligação com o PTB foi tomada a partir de considerações pragmáticas.[11]

Na realidade, alguns dos quadros da elite udenista procuravam seguir os princípios universalistas defendidos pelo partido. Na poderosa Comissão de Orçamento da Câmara dos Deputados, por exemplo, os seis membros conhecidos como defensores do conservantismo fiscal e das restrições orçamentárias eram Adauto Lúcio Cardoso, Pedro Aleixo, Aliomar Baleeiro, Hebert Levy (todos udenistas), Gustavo Capanema e Wagner Estelita (estes do PSD).

Mas o discurso e o comportamento moralista da liderança nacional conviviam com uma estratégia local e estadual de coalizões com o PTB e/ou o PSD. Sufocada pela lógica "realista", a UDN perdeu a chance de se tornar um bastião do universalismo. Mesmo no período que se seguiu imediatamente à restauração da democracia, ela já havia começado a colaborar com o governo Dutra e com o PSD. Como a UDN foi fundada em abril de 1945 e Dutra foi eleito em dezembro do mesmo ano, isto significa que ela só foi um partido de oposição *durante oito meses*![12]

A participação da UDN nos ministérios esteve fortemente circunscrita a pastas com menores recursos para patronagem e provavelmente menos interesse para o PSD, que geralmente dividia com o PTB as pastas mais importantes. A Tabela 1 mostra fortes relações entre partidos e ministérios: os ministros do Trabalho do período 1945-63 eram em geral do PTB; a UDN tinha maior acesso ao Ministério das Relações Exteriores, que obviamente tinha pouco ou nada a oferecer em termos de patronagem conversível em votos.

No plano estadual a ala pragmática firmou coalizões com partidos clientelistas, objetivando participar do governo, e afastou-se do universalismo de procedimentos e da "eterna vigilância" das elites nacionais do partido, estas mais intelectualizadas. Já em 1947 a UDN se aliava com os mesmos partidos combatidos em sua retórica nacional. A Tabela 2 revela que a UDN, de fato, aliou-se ao PSD, ao PTB, ao PRP, ao PDC, ao PL, ao PTN e

TABELA 1
Filiação Partidária de Ministros
1945-1963

Ministérios	PSD	UDN	PTB	Outros	Total
Justiça	13	1	0	9	21
Transportes	8	2	3	4	17
Agricultura	6	1	4	6	17
Finança	6	1	2	10	19
Relações Exteriores	6	5	1	4	16
Saúde	6	—	2	6	14
Educação	6	1	1	6	14
Trabalho	0	0	10	11	21

Fonte: Lúcia Lippi, "O Partido Social Democrático", p.60. Segundo Lúcia Lippi, os dados, embora incompletos, são suficientes para mostrar uma afinidade eletiva entre certos partidos e certos ministérios.

ao PR em diferentes estados. A situação não se modificou com o tempo; ao contrário, a Tabela 3 mostra que, a partir de 1947, as coalizões para a disputa dos governos estaduais só fizeram aumentar.

No Congresso, o padrão de votação da UDN como um todo era errático: votava a favor de medidas que propunham a diminuição da participação do Estado na economia e, igualmente, a favor de projetos que propunham a criação de empresas estatais. Sua coesão interna só era particularmente alta quando a questão era fortemente ideologizada em termos de esquerda *versus* direita, ocasiões em que o partido votava com a direita.[13]

Em 1966 foi extinto o sistema partidário. O regime militar pós-1964, contudo, beneficiou-se daqueles formalmente filiados à UDN: a análise da origem partidária dos governadores nomeados pelo o executivo central em 1978 (Tabela 4) mostra que, durante o regime autoritário pós-1964, a UDN conseguiu ganhar, nas eleições indiretas, sem coalizão e sob controle militar, um substancial número de posições governamentais. A interpretação da Tabela 4 requer cautela por ausência de conjunto similar de dados para as eleições entre 1966 e 1978. Não obstante, analistas do período têm freqüentemente salientado que a UDN é mais próxima dos militares do que os outros partidos, e que os udenistas autênticos foram os vencedores em 1964.[14]

A UDN não conseguiu transformar-se em porta-voz da modernização universalista da vida brasileira por muitas razões que podem ser derivadas da abordagem de Shefter, já enunciada neste trabalho: a) algumas frações

TABELA 2

Coalizões nas Eleições para Governadores

Estado	1947 Partido	1950 Partido	1954/5 Partido	1958/60 Partido	1962 Partido	1965 Partido
Acre (1962)					PTB* *vs* PSD	PSP** *vs* UDN
Alagoas	PSD** *vs* UDN	UDN* *vs* PST	PSP* *vs* UDN	UDN* *vs* PSP-PDC-PTB-PSD		
Amazonas	UDN-PTB* *vs* PSD	PSD-PDC* *vs* UDN-PRP	PTB* *vs* UDN-PSD-PDC-PTN	PTB-PST-PSB* *vs* PSD-PSP-PDC-PRP-UDN	PTB-PST-PDC-PL* *vs* PSD-UDN	
Bahia	UDN* *vs* PSD	PSD* *vs* UDN	UDN-PTB-PSP* *vs* PSD-PDC-PSB-PR-PSP	UDN* *vs* PSD-PTB-PR-PTN-PRP	PST-UDN-PTB-PR* *vs* PDC-PSD-PTN-PSP	
Ceará	UDN* *vs* PSD	PSD-PSP-PR* *vs* UDN	PR-PTB-UDN* *vs* PSD-PSP	PTB-PSD* *vs* UDN-PSP	UDN-PSD-PTN* *vs* PTB-PDC	
Espírito Santo	PSD-UDN* *vs* PR	PSD-PTB* *vs* PR-PRP-PST-UDN-PDC	PTB-PR-PRP-PSP* *vs* PSD-UDN	PSD-PSP* *vs* UDN-PRP-PTB	PDC-UDN-PTB-PSP-PRP* *vs* PSD-PTN-PRT	
Goiás	UDN* *vs* PSD	PSD-PTB* *vs* PSP-UDN-PR-PTN-PRP	PSD* *vs* UDN-PSP	PSD* *vs* UDN	PSD* *vs* UDN-PSP	UDN-PTB-PDC* *vs* PSD
Guanabara				UDN* *vs* PTB *vs* PST *vs* PSD		PSD-PTB* *vs* UDN
Maranhão	PPB* *vs* PR	PST* *vs* (N.A.)	PSD-PTB* *vs* PTN-UDN-PR-PSP	PSD-UDN-PTB-PL* *vs* (N.A.)		UDN-PSP-PTN* *vs* PDC *vs* PTB
Mato Grosso	PSD* *vs* UDN	UDN* *vs* PSD	PSD-PTB* *vs* UDN-PSP	UDN* *vs* PSD *vs* PTB		PSD* *vs* UDN
Minas Gerais	UDN* *vs* PSD	PSD-PR* *vs* UDN (JK!)	PSD-PR* *vs* UDN *vs* PTB	UDN-PRT-PL* *vs* PSD-PR-PSB-PTB		PSD* *vs* PR-UDN
Pará	PSD* *vs* PSP *vs* UDN	UDN-PSP-PST-PL* *vs* PSD	PSD-PTB* *vs* UND	PSD-PDC-PTB* *vs* PSP-PSB-PR *vs* UDN		UDN-PTB-PDS-PTN-PR* *vs* PSD-PRT
Paraíba	UDN* *vs* PSD	PSD-PL* *vs* UDN	PSB-UDN-PSD-PL* *vs* PST	PSB-UDN-PL-PTB* *vs* PSD		PDC-UDN* *vs* PTB-PSB-PSD
Paraná	PSD* *vs* UDN-PTB-PRP	UDN-PR-PST-PL-PRP* *vs* PSD	PSD-PDC-PTN* *vs* PTB-PR *vs* UDN	PDC-PL* *vs* PSD		PTN* *vs* PR-PSP-PTB-PRD

TABELA 2 (continuação)

Coalizões nas Eleições para Governadores

Estado	1947 Partido	1950 Partido	1954/5 Partido	1958/60 Partido	1962 Partido	1965 Partido
Pernambuco	PSD* *vs* UDN-PDC-PL	PSD* *vs* UDN	PSD* *vs* UDN	UDN-PTB-PSP-PTN-PSB* *vs* PSD	PST* *vs* PR	
Piauí	UDN* *vs* PSD	PSD* *vs* UDN *vs* PSP-PTB	PSD-PTB* *vs* PSP-UND-PL	UDN-PTN* *vs* PSD-PSP-PRP-PR	PSD-UDN-PDC* *vs* PTB	
Rio de Janeiro	PSD-PTB-UDN* *vs* PSD	PSD-PR-PRP-PST-PTN-PTB* *vs* UDN	PTB-PTN-PSD-PR* *vs* UDN-PDC-PRP-PSB	PTB-PDC-UDN-PSB* *vs* PSD-PRF-PST	PTB-PDS* *vs* PST-PTN *vs* PRT *vs* PSP-PRP	
Rio Grande do Norte	PSD* *vs* UDN-PSP	PSP-PSD-PR* PST-UDN	PSP-PDS-UDN* *vs* PSD	PSD* *vs* PST-UDN-PR		
Rio Grande do Sul	PSD* *vs* PTS *vs* PL	PTB* *vs* PSD *vs* PL	PSD-UDN-PL* *vs* PTB *vs* PRP	PTB* *vs* PSD-PL-UDN	PSD-PL-PRP-PDC-UDN * *vs* PTB *vs* MTR	
Santa Catarina	PSD-PTB* *vs* UDN	UDN* *vs* PSD	UDN-PDC-PRP-PSP* *vs* PSD-PTB	PSD* *vs* UDN		
São Paulo	PSP-PSB* *vs* PTN *vs* PSD-PR *vs* UDN	PSP-PTB* *vs* PRT *vs* UDN-PR-PSD-PSB	PSB-PTN* *vs* PSP *vs* PR-PSD-PST PDS-PRT *vs* PTB	PDC-UDN-PTN-PR-PSB* *vs* PSP-PTB	PSP-PSD* *vs* PTN-MTR *vs* PR-PDC UDN-PTB-PRP	
Sergipe	PSD-PTB-PR* *vs* UDN	PSD-PR* *vs* UDN *vs* PTB	UDN-PSP-PST-PTN* *vs* PR-PSD *vs* PTB	UDN* *vs* PSD-PR *vs* PTB	PSD-PRT* *vs* UDN-PTB	

*Eleito.

**O candidato não foi indicado por carência de maioria absoluta de votos, em conformidade com o artigo 2, Emenda Constitucional, §13 de 4/8/1965. A eleição ocorreu em 3 de janeiro de 1965.

(1) Partidos e coalizões com pequeno número de votos não são listados.

Fonte: TSE, *Dados Estatísticos*, v.7 e 8, Dep. de Imprensa Nacional, 1971 e 1973.

Nome dos Partidos:

PSD — Partido Social Democrático
PDC — Partido Democrata Cristão
PRP — Partido de Representação Popular
PTN — Partido Trabalhista Nacional
PSP — Partido Social Progressista
PTB — Partido Trabalhista Brasileiro
PSB — Partido Socialista Brasileiro
PPB — Partido Proletário do Brasil
UDN — União Democrática Nacional
PL — Partido Libertador
PR — Partido Republicano
MTR — Movimento Trabalhista Renovador

TABELA 3

UDN, PSD, PTB: Tipos de Participação nas Eleições para Governadores, 1947-1965*

Tipo de Participação	1947				1950				1954/5			1958/60			1962 (eleições realizadas em 10 estados)				1965 (eleições realizadas em 11 estados)				
	UDN	PSD	PTB	PPB	UDN	PSD	PTB	PST	UDN	PSD	PTB	UDN	PSD	PTB	UDN	PSD	PTB	PST	UDN	PSD	PTB	PSP	PDC
Não coalizão	5	7	0	1	3	3	1	1	—	2	1	5	3	1	—	1	1	1	—	2	—	1**	1
Cabeça de coalizão	2	4	—	—	2	8	—	—	3	7	2	3	3	3	1	3	2	—	3	1	—	—	
Presente somente na coalizão	2	1	4	—	1	1	4	—	5	2	6	4	1	5	4	2	2	—	1	—	3	—	
Total	9	12	4	1	5	12	5	—	8	11	9	12	7	8	5	6	5	—	4	3	4	—	1

*Os números referem-se a governadores eleitos. Outros partidos são listados somente no caso de terem vencido sem coalizões.

**O candidato não foi indicado por carência de maioria absoluta de votos, em conformidade com o Artigo 2, §13, da Emenda Constitucional de 4/8/1965.

Fonte: Tribunal Superior Eleitoral, *Dados Estatísticos,* v. 7, 8, 9, Departamento de Imprensa Nacional, 1971 e 1973.

TABELA 4

Filiação Partidária de Governadores Eleitos em 1978

Estado	Nome	Filiação Partidária antes do Golpe
Acre	Joaquim Macedo	UDN
Amazonas	José Lindoso	UDN
Pará	Alacid Nunes	—
Maranhão	João Castelo	—
Piauí	Lucídio Portela	UDN
Ceará	Virgílio Távora	UDN
Rio Grande do Norte	Lavoisier Maia	—
Paraíba	Tarcísio Buriti	—
Pernambuco	Marco Maciel	PSD (?)*
Alagoas	Guilherme Palmeira	UDN (?)**
Sergipe	Augusto Franco	UDN
Bahia	Antônio Carlos Magalhães	UDN
Minas Gerais	Francelino Pereira	UDN
Espírito Santo	Eurico Rezende	UDN
Rio de Janeiro	Chagas Freitas	PSP
São Paulo	Paulo Maluf	—
Paraná	Ney Braga	UDN
Santa Catarina	Jorge Bornhausen	UDN
Rio Grande do Sul	José Augusto Amaral	PDS
Mato Grosso do Norte	Frederico Campos	—
Mato Grosso do Sul	Harry da Costa Amorim	—
Goiás	Ary Valdão	UDN

* Seu pai era líder do PSD.
** Seu pai era líder da UDN.
Fonte: "Arquivo de Dados Sobre Elites Políticas Brasileiras", Rio de Janeiro, Iuperj, 1979

de suas elites, mesmo em âmbito nacional, optaram pelo fisiologismo desde o início da vida do partido; b) as lideranças partidárias mais universalistas não foram capazes de disciplinar o partido dentro de limites universalistas, a despeito de terem sido capazes de fazer com que o programa do partido espelhasse esses limites; c) apenas alguns segmentos do eleitorado udenista adotaram princípios universalistas; d) muitos dos líderes partidários que se identificavam com o universalismo de procedimentos também cortejavam os militares, e finalmente apoiaram golpes militares que pudessem guindá-los ao poder.

No plano nacional a UDN não possuía recursos para patronagem. Além disso, parcelas substanciais de suas lideranças desaprovavam o clientelismo como um meio para obter apoio político. A "experiência crítica" da UDN poderia tê-la alienado permanentemente das práticas clientelistas. Entretanto, como sabemos, isto não aconteceu. Como resultado de decisões oportunistas de suas lideranças, a UDN terminou aprisionada pela lógica dos outros partidos e por sua ala pragmática.

Antes de terminar esta seção, é necessário fazer um registro. O universalismo de procedimentos e a honestidade política que caracterizaram inicialmente o discurso udenista ficaram inteiramente desacreditados no Brasil. A despeito de sua retórica, a UDN embarcou no fisiologismo e, através da corte à intervenção militar, foi transformada num partido golpista e inconfiável. Udenismo, ou muitas vezes puritanismo, passou a ser entendido como uma atitude irrealista e hipócrita, porque todos os grupos que permaneceram fora do poder acabaram tendo de cair nesta linguagem moralista como uma estratégia para angariar apoio político. Pode-se argumentar que o caráter hipócrita da UDN como partido contribuiu fortemente para a não implementação do universalismo de procedimentos no Brasil. O comportamento da UDN transformou o sentido do universalismo de procedimentos em algo suspeito.

Implicações da Mobilização de Dentro: A Institucionalização do Clientelismo

Vamos voltar à noção de experiência crítica. Uma vez que a estratégia mais benéfica para o partido foi decidida, a relação estabelecida entre lideranças partidárias e simpatizantes tende a consolidar e a definir as características da organização. Quando um partido sem recursos para patronagem permanece fora do poder por um longo período, seu único meio de conseguir apoio passa a ser o apelo de suas propostas, a promoção da construção institucional do partido e a crítica àqueles que estão no poder. Nestes casos, as relações entre as lideranças partidárias e os simpatizantes não podem ser baseadas na expectativa de ganho privado para os simpatizantes. Assim, o universalismo de procedimentos acaba sendo o mais poderoso instrumento daqueles que ficam fora do governo e não têm outros recursos que não a opinião política e a força organizacional. Sob essas condições, líderes partidários, tanto quanto seguidores, tornam-se "seguidores do universalismo", em contraste com seguidores de partidos mobilizados de "dentro" que transformaram-se em "seguidores do clientelismo."[15]

QUADRO 4

Partidos Políticos Comparados Segundo a Base Social e os Tipos de Incentivos Partidários

	Migrantes, Camponeses Desenraizados	Classe Média e Operariado
Particularistas (patronagem)	Filipinas: Nacionalistas Gana: Partido de Convenção Popular Chicago, Filadélfia: Máquina Democrática Indiana, Ohio: Partido Democrático	França: Partido Radical Nova York, Pensilvânia: Partido Republicano Nassau Country: Máquina Republicana Itália: Democracia Cristã
Universalistas (políticas públicas, ideologia)	Bolonha: Partido Comunista (PCI) Espanha Republicana: Partido Socialista (PSOE), Anarco-Sindicalista (CNT) Michigan, Wisconsin: Partido Democrático	EUA: Progressistas e Reformadores Inglaterra: Trabalhistas e Conservadores Alemanha: Social Democratas (SPD), Democratas Cristãos (CDU/CSU)

Extraído de Martin Shefter, "Patronage and Its Opponents: A Theory and some European Cases".

Uma outra possibilidade lógica para um partido mobilizado externamente é a tentativa de conseguir acesso a alguns segmentos de recurso para a patronagem, através de coalizões. Este foi o caminho seguido pela UDN no passado. Teoricamente, o problema crucial envolve a tomada de decisões a respeito do uso do clientelismo e da patronagem, quando o partido de oposição que advogava o universalismo chega ao poder. A utilização do clientelismo para manter apoio político torna-se um ato sujeito a um cálculo racional.

Vários fatores podem restringir os limites dentro dos quais um partido de oposição que está ocupando o poder pode recorrer à patronagem como um instrumento político racional. Martin Shefter ressalta que as próprias lideranças podem atuar como *checks and balances* do clientelismo. Além disso, os simpatizantes do partido, leais aos ideais da organização e marcados pela luta na oposição, não esperam que o partido recorra à patronagem para manter sua base de apoio. Finalmente, o partido terá vencido uma eleição baseado em seu programa, e por conseguinte já terá uma sólida base de apoio. Evidentemente, apoio para limitar o uso do clientelismo não se desenvolve em partidos que chegam rapidamente ao poder sem tempo para consolidar uma sólida base de sustentação. Portanto, chegando ao poder, podem transformar-se em partidos de mobilização interna e decidir utilizar a patronagem como uma forma de consolidar sua base política que ainda não parece estar assegurada.[16]

Em países de grandes dimensões, como o Brasil, a aplicação deste modelo torna-se complexa, em grande parte por causa das disparidades regionais. Diferentes setores do partido terão experiências diferentes como resultado de diferenças regionais do eleitorado, das lideranças partidárias e da disponibilidade de recursos.

Há um outro fator complicador: a dicotomia clientelismo *versus* universalismo de procedimentos não é igual à dicotomia, esta mais discutível, entre partidos pragmáticos *versus* partidos ideológicos. As práticas clientelistas são perfeitamente compatíveis com partidos ideológicos, como já concluíram vários pesquisadores.[17] A realidade é sempre menos "preta e branca" do que os argumentos acadêmicos.

As posturas clientelistas não constituíram as únicas justificativas para a atividade política durante o período 1945-64 no Brasil. Facções do PTB estavam genuinamente voltadas para objetivos mais à esquerda e engajadas em campanhas ideológicas e reformistas. A UDN também possuía facções com genuínos compromissos ideológicos liberais e direitistas. Política ideológica e política clientelista e fisiológica não são mutuamente excludentes. Tanto os partidos ideológicos como os fisiológicos utilizaram o clientelismo como instrumento de consolidação partidária.

QUADRO 5

Partidos Políticos no Brasil:
Tipos de Mobilização e Orientação

	Mobilização Interna	Mobilização Externa
Clientelistas	PSD PTB (período populista) MDB (Chagas Freitas) PDS	UDN (Fluminense, período populista) UDN (Minas Gerais, período populista) PTB (nos anos 1980)
Não-Clientelistas		UDN (Rio, período populista) UDN (São Paulo, período populista) PCB (1945-1947) PT (nos anos 1980) PMDB (Montoro)

Nome dos Partidos:

PSD – Partido Social Democrático; MDB – Movimento Democrático Brasileiro; PDS – Partido Democrático Social; UDN – União Democrática Nacional; PTB – Partido Trabalhista Brasileiro; PDT – Partido Democrático Trabalhista; PCB – Partido Comunista Brasileiro; PT – Partido dos Trabalhadores; PMDB – Partido do Movimento Democrático Brasileiro.

A UDN, por exemplo, produziu diferentes perfis em diferentes estados.[18] A adoção de mais ou menos universalismo de procedimentos não é função exclusiva da base social do partido ou mesmo das tendências ideológicas de seus quadros, mas depende de uma combinação de fatores, sendo as mais cruciais as decisões racionais tomadas pelas elites partidárias. Ao menos no Brasil, enquanto os partidos mobilizados externamente sucumbem à tentação de utilizar a patronagem, os partidos mobilizados internamente quase invariavelmente o fazem.

Em síntese, a adoção de estratégias universalistas ou clientelistas depende da combinação de três fatores: decisões da liderança, orientações do eleitorado e existência de recursos. Estes fatores diferem, dependendo se o partido se mobilizou inicialmente de dentro ou de fora do regime. Finalmente, a cristalização de uma "experiência crítica" capaz de consolidar a orientação de um partido depende da rapidez com que o partido chega ao poder.

Os três maiores partidos políticos brasileiros entre 1945 e 1964 podem ser assim caracterizados: o PTB e o PSD cristalizaram-se como clientelistas e se distanciaram tanto do universalismo de procedimentos quanto do universalismo instrumental. A UDN, apesar da possibilidade inicial de se institucionalizar como um porta-voz do universalismo, foi afetada pelas peculiaridades regionais que a levaram ao poder em coalizão com partidos clientelistas e que pressionaram a lógica partidária na direção do clientelismo. Os três maiores partidos acabaram constituindo uma coalizão *de fato* para patronagem.

Em Busca da Racionalidade: Políticos *Versus* Técnicos

No regime democrático instalado em 1945 a política partidária e eleitoral estava acima de todas as questões importantes. Primeiro houve eleições presidenciais e parlamentares, e em 1947 as eleições estaduais e municipais. Este período inicial é controlado pelo PSD. A importância das velhas elites neste período pode ser avaliada pela centralidade do PSD no Congresso: o partido conquistou 52,3% das cadeiras em 1945 e tinha cerca de 35% em 1963. Aproveitando-se de disposições legais que permitiam que um candidato concorresse a mais de um cargo em mais de um estado, o próprio Getúlio Vargas, o símbolo mais forte da velha ordem, foi eleito senador em dois estados (São Paulo e Rio Grande do Sul) e deputado federal em sete (Minas Gerais, Bahia, Rio de Janeiro, Paraná, Distrito Federal e também em São Paulo e Rio Grande do Sul). Escolheu assumir a cadeira de senador pelo PSD do Rio Grande do Sul.

Os constituintes, preocupados com a centralização executiva do regime autoritário, prescreveram um papel importante para o Congresso no novo regime. Primeiro, "a Constituição de 1946 garantia ao Congresso brasileiro o poder da bolsa", através do controle do orçamento da União.[19] O texto constitucional era liberal e não deixava muito espaço para o Estado, isto é, o Executivo, intervir na economia.[20] Segundo, deixava "pouca margem de manobra para o Executivo". Na medida em que as ações do Executivo dependiam das leis escritas, estariam sujeitas à contínua inspeção pelo Legislativo. Mesmo políticas de curto prazo tinham de ser autorizadas pelo Legislativo antes de entrar em vigor, e a execução de políticas era seguida de perto por atentas comissões do Legislativo."[21]

Como mostrou a perspicaz análise de Maria do Carmo Campello de Souza, as provisões constitucionais remontavam à construção partidária tradicional. Primeiro, estados menos populosos receberam uma super-representação no Congresso, enquanto os mais populosos eram subrepresentados[22], o que beneficiava uma estrutura partidária conservadora e dificultava a penetração dos conflitos industriais nos partidos. Este arranjo era instrumental para que as elites tradicionais, tanto dos estados mais atrasados como dos mais modernos, pudessem manter controle sobre o sistema partidário, mas também subtraía representatividade aos partidos políticos. Segundo, o controle sobre o processo orçamentário permitiu a produção de políticas distributivas desagregadas, que foram cruciais para a política eleitoral, como mostram as variações nos itens do orçamento analisados por Barry Ames.[23]

A força dos partidos políticos e do Congresso era mais aparente que verdadeira. O Executivo era freqüentemente mais progressista que o Legislativo — o governo Dutra constitui uma exceção conspícua — e mais voltado para a industrialização e a intervenção do Estado na economia. Isto resultou na necessidade de driblar os partidos durante o segundo governo Vargas (1951-54), e mais claramente durante o governo Kubitschek (1956-61).

Em síntese, o processo constituinte reforçou o poder dos partidos, reinstalou valores e provisões liberais e moldou os anos seguintes de uma maneira que conduziu à morte involuntária dos princípios constitucionais liberais. Isto aconteceu porque o desenvolvimento econômico e a industrialização, que estavam na agenda do Executivo, dos tecnoburocratas e dos empresários foram implementados por outros canais que não os dos partidos.

Desde a década de 40 existia uma aparente divisão de trabalho no interior do sistema político brasileiro. Os partidos políticos controlavam governos estaduais, ministérios e o orçamento federal. A patronagem era responsável por milhares de nomeações na burocracia estatal tradicional e tornou impossível qualquer reforma administrativa no âmbito do funcionalismo, o que levou à caracterização do Estado brasileiro como um "Estado cartorial".[24]

Entretanto, os partidos políticos não tinham controle sobre o núcleo técnico do Estado, representado por organismos como a SUMOC, o BNDE e os Grupos Executivos e composto por tecnoburocratas politizados. Politizados mas sem filiação partidária, estes tecnoburocratas desprezavam os políticos e o Congresso e promoveram um sério processo de insulamento burocrático, com o objetivo de driblar a arena controlada pelos partidos.

No Brasil os políticos eram freqüentemente vistos pelas elites modernizantes como um empecilho ao progresso. Na década de 30 Vargas extinguiu os partidos e promoveu a centralização administrativa, sob a supervisão técnica do DASP. Nos anos 60 o governo militar extinguiu os partidos, criou novos, cassou mandatos e produziu uma legislação "revolucionária". No período decorrido entre estes dois momentos de ataque radical aos partidos e aos representantes eleitos, outras tentativas foram feitas para neutralizar sua influência no processo de formulação política, através do insulamento burocrático.

Os políticos não eram censurados apenas porque eram considerados responsáveis pelo atraso do país nos anos que precederam a Revolução de 30, já que representavam as oligarquias. Eram também vistos como aqueles que promoviam a redistribuição irresponsável e a corrupção na década de 50 e início dos anos 60, por causa de sua política eleitoral populista e demagógica.

Especialização e universalismo de procedimentos eram entendidos como os meios para conter o *spoils system* promovido pelos políticos. Nos anos 30 esta busca da racionalidade levou à adoção do corporativismo da política tradicional.

Depois da redemocratização em 1945 políticos, partidos e Congresso moveram-se para o primeiro plano da cena política. Os dados a respeito das origens políticas de governadores e ministros, apresentados a seguir, mostrarão até que ponto os políticos ocuparam as principais posições na tomada de decisões durante o período democrático. Uma comparação com o período militar pós-64 vai demonstrar até que ponto os políticos foram removidos das posições que tinham ocupado no período democrático.[25]

Entre 1947 e 1962 a grande maioria (70%) dos governadores eleitos era composta por homens com experiência legislativa, como se pode ver na Tabela 6. Já durante o governo militar pós-64, percebe-se claramente uma inversão nesse perfil. Em 1970, no governo Médici e, em 1974, no governo Geisel, inúmeros tecnoburocratas foram escolhidos para governar os es-

GRÁFICO 2

Brasil: Origem dos Governadores por Eleição
1946-1978

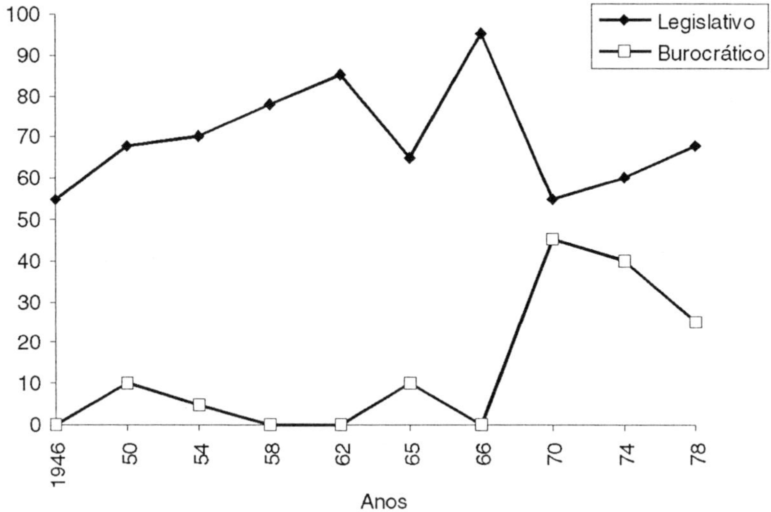

tados. O método de eleição indireta imposto naquela época permitiu de fato que o presidente controlasse o processo de escolha. As eleições de 1965 e 1966 ainda não refletiam nitidamente a busca da racionalidade observada no pós-64, por duas razões: primeira, em 1965 as eleições ainda foram diretas; segunda, embora o sistema de eleições indiretas já estivesse em vigor em 1966, o processo de barganha política ainda era muito forte, mais forte que no pós-68, quando o regime militar consolidou o seu controle sobre o sistema político e adquiriu uma inspiração mais claramente ditatorial. Neste sentido, importantes aspectos do período "burocrático-autoritário" têm seu marco inicial em 1968, e não em 1964.

As alterações nas origens dos ministros refletem mais adequadamente a tendência à racionalização, através da exclusão dos políticos profissionais dos postos cruciais. Até 1964, quase 60% dos ministros civis tinham experiência legislativa anterior, enquanto 26% tinham origens mais técnicas. Este padrão inverteu-se claramente depois de 1964: apenas 21% das pastas civis foram ocupadas por homens com experiência parlamentar, enquanto a especialização tecnoburocrática passou a ser responsável pela ocupação de 55% das pastas. Além disso, indivíduos com origem militar

TABELA 5

Origem dos Governadores de Estado, 1946-1978

Ano*	Legislativo Federal	Legislativo Estado	Burocracia	Militares	Outros	N/I	Total	Legislativo (%)	Militares + Burocracia (%)
1946	9	2	0	0	2	7	20	55	0
1950	13	1	1	1	3	2	21	67	10
1954/5	13	1	0	1	1	4	20	70	5
1958/60	15	3	0	0	3	2	23	78	0
1962	6	3	0	0	1	1	11	82	0
1965	5	2	0	1	1	2	11	64	9
1966	6	5	0	0	1	0	12	92	0
1970	11	1	9	1	0	0	22	55	45
1974	10	2	8	0	0	0	20	60	40
1978	14	1	5	0	2	0	22	68	23

* Anos em que os governadores foram eleitos.

passaram a ocupar 10% das pastas no mesmo período. Ministros tecnoburocratas e militares totalizavam 65% de todas as pastas ministeriais no pós-64. É novamente durante os governos Médici e Geisel que esta busca da racionalidade é mais visível, como mostra a Tabela 6.

GRÁFICO 3

Origem Política dos Ministros por Período Presidencial 1945-1982

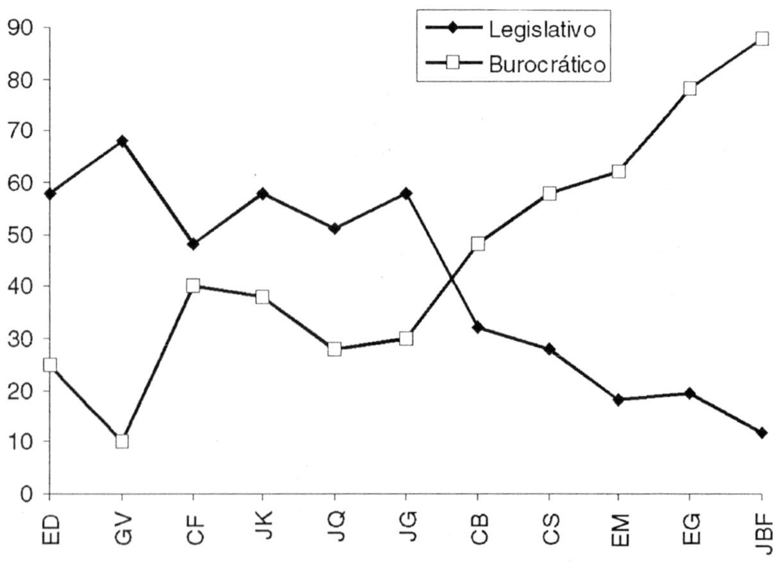

TABELA 6

Origem Política dos Ministros por Período Presidencial, 1945-1982

	Legislativo (1)	Militares (2)	Burocráticos (3)	Outros (4)	N/I (5)	Total (6)	Legislativo (%) (7)	Tecnoburocráticos (%) (8)
Presidente								
Eurico Dutra	14	1	5	2	3	25	56	24
Getúlio Vargas	14	0	2	3	2	21	67	10
Café Filho	11	0	9	1	1	23	48	39
Juscelino Kubitschek	15	1	8	2	0	26	58	35
Jânio Quadros	6	0	3	0	3	12	50	25
João Goulart	30	0	15	5	3	53	57	28
Total	90	2	42	13	12	160		
%	56	1	26	8	8	100		
Castelo Branco	10	1	14	4	2	31	32	48
Costa e Silva	5	2	9	1	2	19	26	58
Emílio Médici	3	2	9	2	2	18	17	61
Ernesto Geisel	3	2	11	1	0	17	18	76
João Figueiredo	3	4	18	1	0	26	12	85
Total Geral	114	13	103	22	18	271		
%	42	5	38	8	7	100		

Os Quadros 6 e 7 foram derivados da Tabela 6 e dividem os Ministérios entre os políticos e os tecnoburocráticos antes e depois de 1964. Nos Ministérios políticos, 50% ou mais dos ministros possuem origem (experiência) legislativa. Nos tecnoburocratas-militares, mais de 50% dos ministros são comprometidos com carreiras burocráticas ou militares.

Em comparação com os governos estaduais, houve uma mudança mais dramática no âmbito dos ministérios. Isto porque vários ministérios se tornaram muito mais importantes para a formulação de políticas do que muitos governos estaduais, após a implantação de um "sistema nacional de planejamento", que representava na verdade um esforço considerável de enfraquecimento do federalismo. Além disso, com o aumento do número de agências federais encarregadas do planejamento regional, os governadores perderam muito poder. Por estas razões, o governo militar estava mais atento aos ministérios. Não obstante, durante os governos Médici e Geisel governadores "tecnoburocráticos" fizeram sua estréia no cenário político.

Especialmente após a promulgação da Constituição de 1967, e de acordo com o decreto da Reforma Administrativa (Decreto-lei nº 200, de 1967), a Presidência da República passou a ter um papel mais forte na formulação de políticas, ao mesmo tempo que aumentava o seu poder de arbítrio e passava a governar um grande número de órgãos administrativos e técnicos cruciais.[26] O Decreto-lei nº 200 aumentou o número de ministérios diretamente ligados à Presidência. Somente indivíduos com origem militar ou tecnoburocrática desempenham um papel importante neste núcleo político — os "ministros da casa". Políticos profissionais foram totalmente banidos dos altos postos de governo durante o período pós-64.

As taxas de estabilidade ministerial no período pós-45 ilustram um outro aspecto do processo de busca da racionalidade e da despolitização do aparelho de Estado e da burocracia para-estatal. Em conformidade com o procedimento adotado por Wanderley Guilherme dos Santos, a Tabela 7 mostra o número de ministérios e de ministros para todos os governos entre 1946 e 1980 e apresenta a média de ocupação do cargo por período, sendo a taxa real de estabilidade ministerial baseada na duração de cada governo[27] Uma vez que nem todos os governos tiveram a mesma duração, em razão de crises políticas, a Tabela apresenta também a taxa de estabilidade possível, isto é, a taxa de estabilidade que certos governos teriam se sua duração fosse igual à determinação constitucional. Esta última medida assume que todos os governos tiveram a mesma duração e que a taxa de estabilidade observada permaneceria constante para todo o período. Quanto mais alto o valor inscrito nas colunas 5 e 6, mais estável foi o governo.

QUADROS 6 E 7

Ministérios Políticos *vs.* Ministérios Tecnocrático-Militares Classificados Segundo a Origem dos Ministros Antes e Depois de 1964

Ministérios Políticos

Antes de 1964		Depois de 1964	
Agricultura	++	Educação	++
Educação	+	Justiça	+
Indústria e Comércio	++		
Justiça	++		
Minas e Energia	++		
Relações Exteriores	+		
Saúde	+		
Trabalho	++		

Ministérios Tecnocrático-Militares

Antes de 1964		Depois de 1964	
Transportes	++	Agricultura	++
		Comunicação	+++
		Finança	+++
		Indústria e Comércio	+
		Interior	+
		Justiça	+
		Minas e Energia	+
		Planejamento	+++
		Relações Exteriores	+
		Saúde	++
		Transporte	++

+ = Proporção igual a ou maior do que 50%.
++ = Proporção igual a ou maior do que 65%.
+++ = Proporção igual a 100%.
Nota: O Ministério do Bem-Estar Social não foi considerado.

TABELA 7

Origem dos Ministros "da Casa", 1964-1982

	Legislativo	Militares	Burocracia	Outros	Total
PRESIDENTE					
Castelo Branco	1	3	1	0	5
Costa e Silva	1	3	2	0	6
Emílio Médici	0	3	2	0	5
Ernesto Geisel	0	10	1	0	11
João Figueiredo	0	8	2	1	11
TOTAL	2	27	8	1	38
MINISTRO					
Planejamento	0	0	7	0	7
EMFA*	0	12	0	0	12
SNI**	0	6	0	0	6
Casa Civil***	2	2	1	1	6
Gabinete Militar****	0	7	0	0	7
TOTAL	2	27	8	1	38

* Estado Maior das Forças Armadas.
** Serviço Nacional de Informação.
**** Chefe do *staff*.
**** Negócios militares.

Tendo em vista que Eurico Dutra e Juscelino Kubitschek foram os dois únicos presidentes a governar durante todo o mandato (cinco anos, no período 1945-64), seus governos serão tomados como paradigma para os níveis de estabilidade que caracterizam um período democrático, no qual a composição do ministério reflete a troca normal da política. Ao lado dos governos militares de Geisel e Figueiredo, Dutra e JK foram os únicos a cumprir toda a extensão do mandato constitucional. Assim, os dados indicam que os governos Médici e Geisel foram especialmente estáveis para os padrões brasileiros, enquanto o governo Goulart foi particularmente instável. Estes três governos desviam-se das taxas apresentadas pelos governos Dutra e Kubitschek; os dois primeiros porque baniram os políticos e a política, e confiaram mais na contribuição militar e tecnoburocrática ao processo de formulação de políticas. O governo Goulart desvia-se porque mostra excessiva instabilidade. As tendências apresentadas nesta tabela corroboram os procedimentos analíticos de Wanderley Guilherme.

Não obstante, se os políticos profissionais ocuparam posições cruciais nos executivos estaduais e federais, não desempenharam um papel similar

TABELA 8

Estabilidade Ministerial, 1946-1980

Presidente	(1) Duração (meses)	(2) Número de Ministros	(3) Número de Ministros	(4) Médias de Permanência no Cargo	(5) Média de Estabilidade como Proporção da Duração Total (Taxa real)	(6) Média de Estabilidade como Proporção do Mandato Constitucional (Taxa possível)
Eurico Dutra	60	10	30	20.0	33.3	33.3
Getúlio Vargas	43	11	27	17.5	40.7	29.2
Café Filho	17	11	28	6.7	39.3	11.1
Juscelino Kubitschek	60	11	33	20.0	33.3	33.3
Jânio Quadros	7	13	15	6.1	86.7	10.1
João Goulart	30	16	65	7.4	24.6	12.3
Castelo Branco	35	15	40	13.1	37.5	21.9
Costa e Silva	31	16	21	23.6	76.2	39.4
Emílio Médici	52	16	20	41.6	80.0	69.3
Ernesto Geisel	60	21	31	40.6	67.7	67.7
João Figueiredo (até 31 de julho de 1980)	16	23	30	12.3	76.7	20.4

Nota: a) Média de permanência no cargo = 1 x 2/3
b) Estabilidade atual = 4/1 x 100
c) Estabilidade possível = 4/60 x 10

na administração indireta, isto é, nas empresas estatais e autarquias encarregadas de políticas econômicas importantes. Tomando-se a carreira anterior de 1.976 tecnoburocratas de um conjunto de 98 empresas estatais estudadas por Wanderley Guilherme dos Santos, e cruzando-se seus dados com as listas de deputados federais, senadores e deputados estaduais publicadas pelo tribunal Superior Eleitoral (TSE) em apenas 168 casos os ocupantes de postos na tecnoburocracia possuem experiência legislativa anterior.[28]

Uma leitura mais detida das biografias destas 61 pessoas reforça a conclusão de que uma divisão de trabalho estava acontecendo no interior das instituições políticas. No período anterior a 1964, 40 indivíduos no conjunto ocuparam postos na tecnoburocracia, e o maior contingente estava no Banco do Brasil, mais precisamente na Carteira de Crédito Agrícola e Industrial (Creai). A distribuição é a seguinte: Banco do Brasil, 13; IPASE, seis; Instituto do Açúcar e do Álcool (IAA), cinco; Companhia Vale do Rio Doce (CVRD), três; Banco Nacional de Crédito Educativo (BNCC) dois; Banco nacional da Borracha (BNB), dois; Companhia Siderúrgica Nacional (CSN), dois; Petrobrás, Instituto Brasileiro do Café (IBC), Departamento Nacional de Obras contra as Secas (DNOCS), Instituto Brasileiro de Geografia e Estatística (IBGE), Secretaria de Assuntos Culturais do Ministério da Educação e Cultura, Carbonífera Próspera, um.

Com exceção da Vale do Rio Doce, da Petrobrás e da Companhia Siderúrgica Nacional — agências fundamentais para o esforço de industrialização —, todos os outros cargos localizavam-se em agências envolvidas com a promoção do desenvolvimento regional, rural e crédito em geral. Um traço peculiar revelado pelos dados é o de que aqueles que ocuparam cargos em agências cruciais como a Vale do Rio Doce e a Petrobrás tendiam a ser da UDN (na Vale do Rio Doce, dois em três eram udenistas).

No período pós-64 os dados disponíveis alcançam 21 indivíduos: três no Banco do Brasil, dois no IPASE, dois no BNB, dois no IBC, dois no Banco da Amazônia, um em Itaipu, Eletrobrás, Usiminas, Companhia Hidrelétrica do Vale de São Francisco, CAEEB, Secretaria de Assuntos Culturais do MEC, Instituto de Resseguros do Brasil (IRB), Vale do Rio Doce, Cobal, Cibrazém, Carbonífera Próspera, IBC. Mais uma vez, aqueles que ocuparam importantes cargos como as presidências de Itaipu, Eletrobrás e Usiminas eram ex-udenistas, um deles oriundo da carreira militar.

Na verdade, a Tabela 9 subestima a diminuição da importância dos políticos no aparelho tecnoburocrático, porque não é possível controlar os dados a partir do número de agências que existiram em cada período; um certo número delas é de criação recente.

TABELA 9

Tecnoburocratas com Experiência Legislativa

PRESIDENTE	Número com Experiência Legislativa*
Eurico Dutra	36
Getúlio Vargas	20
Café Filho	17
Juscelino Kubitschek	24
Jânio Quadros	17
João Goulart	20
Castelo Branco	13
Costa e Silva	10
Emílio Médici	8
Ernesto Geisel	1
João Figueiredo	2
TOTAL	168

*Amostragem de 98 agências de Estado; 1.976 posições.

Wanderley Guilherme documenta dois outros fatos que podem ser acrescentados a este quadro.[29] Primeiro, as taxas de estabilidade anteriores a 1964, para os cargos mais altos de 15 importantes agências estatais, atingem seu nível mais baixo durante o governo Goulart e o seu nível mais alto durante o segundo governo Vargas. Segundo, no conjunto de 98 agências e 1.976 cargos na tecnoburocracia, mencionado acima, os mais altos níveis de estabilidade foram alcançados nos governos Kubitschek e Médici, e os mais baixos ocorreram no governo Goulart. Além disso, o estudo do autor mostra que a estabilidade tecnoburocrática não estava associada a mandatos parlamentares, o que indica que a lógica clientelista dos partidos políticos não invadiu os escalões técnicos de muitas agências importantes. A patronagem parece ser mais influente na burocracia tradicional e no âmbito de governos estaduais e prefeituras. No período entre 1950- e 1973 a burocracia federal cresceu a uma taxa anual de 1%, enquanto a taxa de crescimento nos estados foi de 5,4% e nos municípios, de 5%.[30]

Esta discussão aponta para uma divisão do trabalho entre o clientelismo e o insulamento burocrático. Além disso, reconcilia o argumento sobre a existência de um Estado cartorial com o argumento que a nega. O Estado cartorial realimentou a construção partidária, enquanto o insulamento burocrático serviu como um importante meio de ação rumo ao desenvolvimento econômico.

Os dados apresentados nesta seção mostram que o papel dos políticos profissionais diminuiu com o tempo. Primeiro, em razão da busca da racionalidade patrocinada pela tecnoburocracia, e segundo, em razão do golpe militar de 1964. Entretanto, os dados também indicam que os políticos não ocuparam cargos cruciais além dos cargos de governo e de um número decrescente de ministérios. A maioria dos postos tecnoburocráticos ocupados por políticos profissionais possuía largo potencial para patronagem política, como certos cargos no Banco do Brasil (a Creai, por exemplo) e institutos de previdência social; o núcleo mais técnico do Estado foi insulado contra a patronagem. Mais uma vez esse processo de insulamento foi mais dramático durante o regime militar. Não obstante, foi astuciosamente utilizado por Getúlio e Juscelino, com o objetivo de implementar políticas desenvolvimentistas. O governo Goulart, segundo os dados de Wanderley Guilherme dos Santos, violou esta regra, utilizou o núcleo tecnoburocrático como moeda política e patrocinou as mais altas taxas de instabilidade para o núcleo técnico em todo período pós-45.

Se o clientelismo era influente em muitos níveis, o insulamento burocrático era central em muitos outros. A fusão destas tendências freqüentemente contraditórias num conjunto de instituições políticas híbridas foi orquestrada por dois magistrais políticos profissionais eleitos para a Presidência da República: Getúlio Vargas e Juscelino Kubitschek. Este é o assunto do próximo capítulo.

NOTAS

1. Giuseppe Di Palma, "Italy: Is There a Legacy and Is It Facist?", in John Herz (org.), *From Dictatorship to Democracy: Copying with Legacies of Authoritarianism and Totalitarism.*

2. Lúcia Lippi de Oliveira, "Partidos políticos brasileiros: o Partido Social Democrático", Dissertação de Mestrado.

3. Thomas Skidmore, *Brasil: De Getúlio a Castelo.*

4. A noção de "experiência crítica" é usada aqui no mesmo sentido aplicado por Shefter, em conformidade com Selznick e Ira Katznelson. Experiência crítica, neste caso, refere-se a fatos que formam estruturas organizacionais desde sua origem. Cf. Martin Shefter, "Patronage and Its Opponents: A Theory and Some European Cases", Conferência The Scope of Social Sciences History; Selznick, "Institutional Vulnerability in Mass Society", *American Journal of Sociology*; e Ira Katznelson e Mark Kesselman, *The Politics of Power.*

5. Gláucio Ary Dillon Soares, *Sociedade e política no Brasil: desenvolvimento, classe e política durante a Segunda República.*

6. "One of the Principal activities of Labor leaders in the relatively free years before 1964 (...) was to seek favors or services from government agencies for themselves and their constituencies (...) Labor leaders applied their leverage through connections with

deputies, ministers, and administrators. In some cases they campaigned for office and became deputies themselves, enhancing their own ability to provide for their constituents." Ver Kenneth P. Erickson, *The Brazilian Corporate State and Working Class Politics.*

7. Maria Vitória Benevides, *A UDN e o udenismo*, p.29.

8. Ibid., p.267.

9. Robert Wesson e David Fleischer, *Brazil in Transition*, p.99.

10. Gláucio Ary Dillon Soares, "As bases ideológicas do lacerdismo", *Revista Civilização Brasileira.*

11. Prado Kelly foi contra o acordo (...) e eles trouxeram Lacerda para criar problemas (...) Lacerda é um político da Guanabara que não conhece o Estado do Rio de Janeiro; ele veio aqui trazido por outros (...) Eu era a favor do acordo e eu estava pleno de razões (mais cedo) quando fui a Petrópolis com Paulo Araújo, no apartamento de Prado Kelly. Prado Kelly ao invés de encorajar a UDN a lançar um candidato – ele que havia sido derrotado por Amaral Peixoto –, disse: "Nós precisamos fazer um acordo a fim de entrar no governo e atender às necessidades de nossas campanhas no interior." Nesta época, no Rio de Janeiro, ser um membro da UDN significava não ter a filha escolhida como professora, significava não possuir uma estrada que mantivesse sua fazenda. Era realmente uma tremenda perseguição ser um membro da UDN (entrevista com Lacerda por Márcia Silveira, em 11/11/1979).

12. Carlos Lacerda, *Depoimento*, p.65.

13. Wanderley Guilherme dos Santos, "The Calculus of Conflict: Impass in Brazilian Politics and the Crisis of 1964", Tese de Doutorado, p.5; Maria Izabel Valadão de Carvalho, "Conflito e consenso no Legislativo", in Candido Mendes (org.), *O Legislativo e a tecnocracia.*

14. Maria Vitória Benevides, *A UDN e o udenismo...*, op. cit., p.136; Thomas Skidmore, *De Getúlio a Castelo*, p.368 e seg.

15. Martin Shefter, "Patronage and Its Opponents...", op. cit., p.21.

16. Idem.

17. Judith Chubb, "Naples under the Left: The Limits of Local Change" e "The Social Bases of an Urban Political Machine: the DC in Palermo"; Jacek Tarkowski, "Patrons and Clients in a Planned Economy", in S.N. Eisenstadt e R. Lemarchand (orgs.), *Political Clientelism, Patronage and Development.*

18. Maria Vitória Benevides, *A UDN e o udenismo.*

19. Barry Ames, "What a Difference Does a Congress Make: The Structure of Politics and the Distribution of Public Expeditures in Brazil's Competitive Period", p.12.

20. Alberto Venâncio Filho, *A intervenção do Estado no domínio econômico*, p.55.

21. W.G. dos Santos, "The Calculus of Conflict...", op. cit., p.55.

22. Miguel Reale calculou, baseado nas estimativas do IBGE relativas à população brasileira em 1959, que vários estados estavam sub-representados. São Paulo possuía 22 congressistas a menos do que deveria possuir; Minas Gerais tinha menos 15 congressistas; Bahia menos 7; Rio Grande do Sul menos 5; Pernambuco menos 3; Paraná menos 1; e Ceará menos 1. Cf. Miguel Reale, "O sistema de representação proporcional e o regime presidencial brasileiro", *RBEP.*

23. Barry Ames, "What Difference Does a Congress...".

24. A expressão "Estado cartorial" foi cunhada por Hélio Jaguaribe e refere-se a uma situação em que as agências e funções públicas não têm como missão principal a execução de tarefas orientadas para o público. No estado cartorial, a burocracia pública

é controlada por mandatos clientelistas sob domínio de partidos políticos e "caciques". Cartório é uma repartição pública notória que cumpre várias funções na vida cotidiana dos indivíduos e nos procedimentos judiciários. Ao lado de reconhecer (subscrever, endossar) documentos, os cartórios arquivam títulos de propriedade, certificados de nascimento e casamento, testamento etc. Desde os tempos imperiais, os cartórios eram concebidos como agências auxiliares do poder judiciário. Os cartórios, ademais, cobram taxas por seus serviços e, por esse aspecto, são lucrativos. O estabelecimento de cartório em geral correspondia ao pagamento por uma lealdade de patronagem política dado a membros de uma família e amigos. O cartório podia ser na verdade propriedade de uma pessoa indicada como seu "titular" (isto é, o principal funcionário). Essas pessoas seriam em geral capazes de indicar seus sucessores, significando, portanto, posse por toda vida. Os cartórios realizavam funções públicas e geravam benefícios privados. Para uma mais detalhada análise do "Estado cartorial", ver Alexandre Barros, "O Estado cartorial: An Attempt to Investigate the Political Role of Brazilian Bureaucracy", Dissertação de Mestrado. Um outro estudo sobre cartórios pode ser encontrado em Rosa Maria B. Araújo, "Cartórios na cena política do Brasil", *Dados*. A estrutura conceitual da noção pioneira do cartorialismo, desenvolvida por Hélio Jaguaribe é similar aos estudos posteriores de Fred Riggs, *Administration in Developing Countries: The Theory of Prismatic Society*.

25. São muitas as fontes usadas para a geração dos dados sobre elites políticas brasileiras. Os dados estão organizados no "Arquivo de dados sobre elites políticas brasileiras" do Iuperj. O projeto do "Arquivo", foi juntamente coordenado por Wanderley Guilherme dos Santos, Marcus Figueiredo e Edson Nunes. A avaliação preliminar do material existente no "Arquivo" pode ser encontrada na pesquisa desenvolvida por Eleonora Guandelman e Monica Barbirato, "Arquivo elite política brasileira: descrição e avaliação", Iuperj, mimeo, 1980. As principais fontes são: Dados Estatísticos do Tribunal Superior Eleitoral, todos os volumes; Anuários do Ministério das Relações Exteriores, vários anos; Dados Biográficos dos Ministros, 1861-1961; Ministério da Aviação e Obras Públicas, 1961; Afrânio Coutinho, "Brasil e Brasileiros de Hoje; Quem é Quem no Brasil", *Revista FEFF*; Perfil da Administração Federal, vários anos; Súmula dos Cidadãos Prestantes; Ministros da Fazenda, 1822-1972; Enciclopédia Mirador Internacional. Em adição, dados biográficos foram obtidos por departamentos de relações públicas de muitos estados e por ministérios. Coleções de jornal e obituários foram igualmente consultados. Levantamento conduzido por Wanderley Guilherme dos Santos contribuiu com dados sobre padrões de carreira para uma amostra de agências e empresas estatais.

26. Antes da implantação do regime militar, a Presidência estava sobrecarregada com a supervisão de um grande número de agências de pouca importância. A reforma administrativa eliminou os gargalos da Presidência, destinando a ela somente aquelas funções consideradas importantes. O regime militar promoveu a expansão de um certo número de ministérios e elevou algumas agências (como o SNI ou a Casa Civil) ao *status* ministerial.

27. Wanderley Guilherme dos Santos, "Explorações sobre a tecnocracia federal brasileira", *Revista do Servidor Público*.

28. Idem.

29. Wanderley Guilherme dos Santos, "Centralização burocrática e renovação das elites".

30. Sebastião Velasco e Cruz, "Expansão do Estado e intermediação de interesses no Brasil", p.151.

CAPÍTULO 5

Mudança Dentro da Continuidade: Velhas e Novas Arenas Políticas no Período Pós-guerra

Na década de 50 vários fatores contribuíram para produzir no Brasil a institucionalização de um sistema sincrético. O insulamento burocrático emergiu como uma estratégia crucial para deslanchar um ambicioso plano industrial: agências burocráticas insuladas tiveram um papel central nesse plano, gerando, desencadeando e supervisionando o processo, em meio a uma forte coalizão que se sustentava em uma ampla ideologia desenvolvimentista. Estas questões serão analisadas neste capítulo. Inicialmente, vamos abordar o contexto em que o insulamento burocrático foi perseguido, como forma de ação racional em direção à industrialização. Em seguida, como foram criadas algumas agências insuladas. Finalmente, serão analisados os fatores responsáveis pela institucionalização do sistema.

Velhas e Novas Arenas: Preparando o Cenário para a Modernização Liderada pelo Estado

Se o primeiro governo Vargas (1937-45) foi um período de construção do Estado, o governo Dutra (1946-51), sob a dominação do conservador PSD, foi uma época de construção partidária e de políticas econômicas liberais. Não foi criada qualquer agência ligada à política econômica, ao controle ou financiamento da produção industrial, nem mesmo à regulação econômica. A intervenção na economia ficou restrita ao controle sobre o comércio exterior.[1] Neste período inicial de reconstrução democrática prevaleceram políticas econômicas liberais, com efeitos devastadores sobre o balanço de pagamentos.

Entretanto, o liberalismo econômico do pós-guerra imediato era de uma extração muito peculiar, pois não veio acompanhado de valores compatíveis e instituições formais na esfera política. Nas relações entre governo e o movimento sindical, por exemplo, a estrutura corporativa do período ditatorial permaneceu em vigor, e o sindicalismo foi fortemente reprimido. A Confederação dos Trabalhadores Brasileiros foi declarada ilegal, e o governo interveio em inúmeros sindicatos, com o objetivo de remover lideranças consideradas radicais.[2] Tal como em outros países, na mesma época, o Partido Comunista Brasileiro foi banido do cenário político e declarado ilegal, por adotar princípios considerados contraditórios com a Constituição brasileira.

Quanto aos outros partidos políticos, mesmo aqueles que, como a UDN, lutavam pela causa do universalismo de procedimentos e do cosmopolitismo, não solucionaram as contradições que caracterizaram o novo período democrático. Aliás, a despeito de seu programa e de sua retórica pública, a UDN juntou-se à coalizão de patronagem liderada pelo PSD.

Embora o Congresso discutisse os problemas mais importantes, a luta diária por políticas e valores básicos a serem implementados, de acordo com uma perspectiva mais nacionalista e estatizante, iria acontecer em uma nova arena política: o aparelho de Estado. Foram lutas travadas por tecnoburocratas com claras e fortes orientações políticas e nenhuma filiação partidária. Estes técnicos, em importantes e influentes posições, desprezavam os partidos políticos por sua irracionalidade e apoiavam iniciativas administrativas que driblassem os partidos através da ação executiva. De fato, o intenso crescimento econômico e a industrialização dos anos 50 foram largamente influenciados pela liderança do Executivo, e apesar da força política do PSD o processo de planejamento econômico então desencadeado não confiou nos partidos e não foi controlado pelo Congresso.

Como um novo *locus* para o debate político, a arena estatal tornou-se crucial para as decisões relativas ao caminho a ser seguido pelo desenvolvimento econômico e pela industrialização. Não é fácil, no entanto, determinar o que era velho e o que era novo no cenário nacional. Comparado com a arena estatal, por exemplo, o Congresso e o emergente sistema pluripartidário representavam uma arena nova. Todavia, se o sistema partidário era novo, e o Congresso também representava um novo *locus* para o debate político após tantos anos de ditadura, a lógica da ação partidária — como vimos no capítulo anterior — não tomou um caminho que a diferenciasse claramente daquela que existira durante a República Velha.

De outro lado, a politização das estruturas do Estado destinadas a intervir na economia não eram novas no pós-45. Entretanto, *eram novas tanto a relação com um sistema democrático regido por partidos políticos como a existência de um plano industrial.* Equilibrar esta relação com os partidos iria constituir um importante desafio nos anos seguintes. Se a arena estatal permaneceu mais ou menos inerte no primeiro governo pós-45, as estruturas estatais politizadas, que iriam desempenhar um papel crucial nos anos 50, teriam de driblar e superar o sistema partidário e o Congresso.

Driblar os partidos foi a principal fórmula utilizada pelas elites desenvolvimentistas. Após a redemocratização, funcionários públicos pró-desenvolvimento enfrentaram um sistema partidário baseado no clientelismo e uma burocracia que aparentemente tinha resistido com sucesso aos esforços universalistas de reforma. Durante o governo Dutra o DASP foi esvaziado e quase extinto. A industrialização e o desenvolvimento não faziam parte da agenda principal, largamente ultrapassados pela construção dos partidos.

Enquanto o Congresso e os partidos estavam ocupados com questões gerais, embora ligadas ao debate político nacional, às políticas redistributivas ou a temas fundamentais, como o problema fundiário, a burocracia insulada dedicava-se à formulação e administração de políticas vinculadas ao processo de industrialização. Este processo, no entanto, só começou nos anos 50.

A década de 50 foi um período contraditório no Brasil. Ao lado da política do clientelismo, que atingiu seu apogeu com a coalizão PSD-PTB, perfeitamente complementada pela UDN, mecanismos alternativos para canalizar interesses industriais e desenvolvimentistas foram criados e escaparam ao controle da máquina política tradicional. Ao lado de uma ideologia nacionalista quase universal entre as elites, expandiu-se a internacionalização de fato da economia brasileira, bem ilustrada pela indústria automobilística.

Uma vez que o sistema partidário e a burocracia tradicional não pareciam dispostos a implementar uma estratégia concertada de desenvolvimento nacional, criou-se um grupo de agências especiais para gerar e administrar políticas desenvolvimentistas.

A burocracia insulada produziu incentivos para a importação de capitais e delineou medidas fiscais para expandir a capacidade de investimento do Estado. Investimentos estrangeiros crescentes e gastos públicos, combinados com inflação, forneceram os meios materiais para sustentar o desenvolvimento econômico baseado num conjunto sincrético de instituições políticas. Este sincretismo resultou na permanência do clientelismo em certas arenas políticas, no insulamento de outras (de modo que pudessem funcionar à distância do sistema político tradicional) e na manutenção da estrutura corporativa.[3]

O uso extensivo de agências estatais insuladas foi uma resposta ao dilema criado pelo imperativo da liderança estatal no desenvolvimento econômico, associado à incapacidade de reformar o aparelho de Estado tradicional, para que ele pudesse desempenhar a função desenvolvimentista. Dadas as circunstâncias concretas do período pós-45, o clientelismo gerou um espaço para o insulamento burocrático, solução que as modernas forças capitalistas encontraram para fugir à dominação política do clientelismo. A administração das políticas econômicas, assim como as decisões estratégicas, acabou sendo feita fora dos órgãos representativos do sistema partidário. Paulo Roberto Motta denominou esta prática de "estratégia escapista", através da qual setores dinâmicos da burguesia nacional, associados à tecnoburocracia e aos interesses internacionais, viabilizaram um programa de alargamento da base industrial no Brasil.[4]

As elites desenvolvimentistas, incluindo aquelas que haviam trabalhado no DASP, acreditavam que a modernização econômica seria impossível, a menos que as agências burocráticas de planejamento e implementação das políticas econômicas fossem equipadas com pessoal recrutado à base de competência e não de conexões políticas. Sua solução para este dilema foi a tentativa de criar agências de formulação de política econômica estável, não sujeita às freqüentes mudanças políticas, e proteção da competência e da especialização. Além disso, entendiam que as nomeações para estas agências tinham de ser isentas de fisiologismo.

Insulamento Burocrático: a Combinação de Velhos e Novos Atores para a Modernização Liderada pelo Estado

Tal como ocorrera anteriormente com o DASP, a Superintendência da Moeda e do Crédito (SUMOC) — autoridade monetária brasileira e embrião do Banco Central, a ser criado depois de 1964, — era uma agência idealizada conscientemente por seus criadores como uma instituição autônoma e com amplo poder de arbítrio. Pedro Correa do Lago realizou um trabalho notável ao demonstrar o processo de insulamento perseguido pela SUMOC e as lutas políticas e burocráticas associadas à tentativa da agência de conquistar maior autonomia.[5]

A SUMOC foi criada pelo Decreto-lei nº 7.293, de 2 de fevereiro de 1945, quando já se tornava claro que a ditadura terminaria em breve e seria necessário criar instituições capazes de operar num contexto democrático. Otávio Gouveia de Bulhões, então assessor do ministro da Fazenda, propôs a criação da agência no final de 1946, tendo em mente a futura criação de um banco central.

Os técnicos associados à criação da SUMOC relataram que Bulhões tinha consciência de que o clima de uma democracia bem-sucedida traria dificuldades para a criação de uma agência insulada, tendo em vista as prerrogativas do Congresso e a capacidade do Banco do Brasil de evitar o surgimento de agências que pudessem diminuir seu duplo papel de banco comercial e de autoridade monetária central. Bulhões considerava o Banco do Brasil invencível no Congresso, dado o vasto número de agências que possuía em todo país e os financiamentos que concedia.

Os criadores da SUMOC já esperavam que o Congresso rejeitasse qualquer projeto que parecesse prejudicial ao banco e à sua capacidade de implementar programas de crédito considerados cruciais para o poder econômico e político das lideranças locais. Uma nova autoridade monetária poderia, talvez, diminuir o poder dos vários escritórios especiais do Banco do Brasil e poderia dar ainda uma dimensão de centralização, que seria politicamente indesejável pelo banco e pelos partidos políticos. Além disso, o Banco do Brasil possuía um grande trunfo político: muitos congressistas tinham sido seus funcionários.

Bulhões e o economista Eugênio Gudin, os principais arquitetos da SUMOC, acreditavam que a futura existência de um banco central dependeria de um longo processo de construção institucional e geração de apoio. Em alguns aspectos, a SUMOC teve como modelo o Federal Reserve Bank dos Estados Unidos, cuja autonomia em relação às pressões da política americana tinha a admiração de Bulhões e de Gudin. O grupo de economistas que circulava em torno dos dois defendia uma "orientação científica" para as políticas econômicas, que conferisse uma dimensão de estabilidade à lógica instável dos interesses políticos.[6]

O denominado "grupo da SUMOC" estava mais afinado com as instituições financeiras internacionais, particularmente o Fundo Monetário Internacional (FMI). Bulhões e Gudin tinham participado da delegação brasileira à Conferência de Breton Woods e apoiaram as propostas americanas de liberalização do comércio internacional. De acordo com Pedro Malan e Pedro Correa do Lago, o FMI considerava a SUMOC uma "ilha de racionalidade" dentro das instituições políticas brasileiras.[7]

A SUMOC foi finalmente transformada em banco central pelo governo militar em 1964, quando o grupo passou a ter mais poder. Tanto dentro do aparelho de Estado como a partir de sua base na Fundação Getúlio Vargas, o grupo da SUMOC desempenhou um papel crucial na formulação de políticas e na criação de instituições econômicas fundamentais no Brasil. Aliás, a FGV era então presidida por Luís Simões Lopes, antigo diretor do DASP nos anos 30.[8]

A autonomia e o poder da SUMOC aumentaram e diminuíram durante os anos subseqüentes à sua criação, dependendo basicamente do apoio do presidente da República. A tendência geral, entretanto, era a conquista de um poder de arbítrio sempre crescente sobre áreas cada vez mais vastas, à medida que a SUMOC se tornava mais especializada e progressivamente independente do Banco do Brasil. A ideologia econômica da SUMOC e dos economistas que compunham o círculo restrito de Bulhões e Gudin era ortodoxa e com fortes laços com o FMI e com a comunidade econômica internacional.[9]

O segundo governo Vargas (1951-54) trouxe para o primeiro plano a preocupação com o desenvolvimento e a industrialização. O DASP foi reativado, embora com muito menos poder do que antes.[10] Os primeiros passos para o fortalecimento da industrialização começaram a tomar forma à medida que o Estado adotava determinadas políticas.

Quando assumiu o poder em 1951, ao contrário do que acontecera em 1930, Getúlio tinha à sua disposição inúmeros diagnósticos dos problemas econômicos brasileiros, assim como inúmeras recomendações de como superar os gargalos já detectados. Uma quantidade considerável de documentos havia sido produzida pelas missões Cooke e Abbink (1942 e 1948), e seria produzida pela Comissão Mista Brasil-Estados Unidos (1951-53); em 1954 a Comissão Econômica para a América Latina (CEPAL) começou um processo de colaboração com o Banco Nacional de Desenvolvimento Econômico (BNDE).[11]

A criação e a evolução do BNDE seguiram um modelo em muitos aspectos similar ao da SUMOC: uma agência separada da burocracia tradicional. Durante os primeiros anos, suas atividades ficaram limitadas por falta de apoio adequado do Executivo e por uma incapacidade de controlar na prática os recursos financeiros que lhes foram legalmente alocados. Ao longo deste período de frustração, o banco concentrou suas energias na coleta de dados econômicos e no desenvolvimento de sua própria especialização.[12] Mais tarde, durante o governo Kubitschek, o BNDE desempenhou um papel central no plano de desenvolvimento que consolidou o avanço da industrialização brasileira.

Tentativas de insulamento burocrático foram renovadas após o início do segundo governo Vargas, em 1951. Se na arena política o presidente era conciliador e tentou apaziguar a UDN com convites para participar de seu ministério, em termos de planejamento econômico Getúlio instalou um grupo de assessoramento, a Assessoria Econômica, que participou da formulação de políticas cruciais. Tal como o da SUMOC, o grupo da Assessoria Econômica tinha especialização técnica e defendia o insulamento burocrático como forma de conferir maior competência ao processo de formulação de políticas.

Nesta época os economistas da SUMOC não mantinham contatos muito estreitos com os da Assessoria Econômica, conservando vínculos mais fortes com o grupo da Fundação Getúlio Vargas, composto por Eugênio Gudin, Bulhões, Alexandre Kafka, entre outros. Ao contrário do grupo da SUMOC, a Assessoria Econômica (Cleanto de Paiva Leite, Glycon de Paiva, Rômulo de Almeida, Jesus Soares Pereira e outros) concentrava suas atenções na estrutura econômica e nos impactos sociais do crescimento econômico. Se o grupo da SUMOC era mais ortodoxo, monetarista e preocupado com temas financeiros, a Assessoria pensava em industrialização planejada, políticas de investimento e desenvolvimento econômico.[13]

A Assessoria influiu na formulação de políticas fundamentais e na criação de agências cruciais como a Petrobrás, durante o segundo governo Vargas. Além disso, formulou vários outros programas e projetos importantes, tais como a reforma administrativa, a CAPES (Coordenação para Aperfeiçoamento de Pessoal do Ensino Superior), o Conselho de Desenvolvimento Industrial (CDI), o Banco do Nordeste, o Fundo Nacional de Eletrificação etc.

Mas ainda, a Assessoria encarregou-se de dar os primeiros passos para a criação da indústria automobilística no Brasil, participando da implantação, dentro do CDI, de um subcomitê encarregado da preparação de projetos para a produção de jipes, caminhões e automóveis no país.[14] Vargas iniciou dessa forma um processo de insulamento burocrático que alterou definitivamente a face do sistema político brasileiro. A Assessoria Econômica, por seu turno, constituiu o embrião da "administração paralela" do governo Kubitschek.

Ao final da década de 40 e início dos anos 50, estas e outras agências, mais ou menos insuladas, permaneceram como enclaves de especialização e bastiões de valores que as distinguiam do restante do sistema político e administrativo. Elas partilhavam um compromisso com a eficiência e com o desenvolvimento econômico nacional, além de uma certa hostilidade à atividade política.

Não obstante, diferiam entre si com relação à ideologia econômica específica, algumas com visões mais ortodoxas e internacionalistas, outras com posições mais nacionalistas. Essas agências interferiam nas decisões sobre políticas em graus diferentes, conforme a época. Sua eficácia podia ser minada por falta de apoio do Executivo, pela utilização pelo presidente da República das posições de chefia nas agências, como recompensa política, ou ainda pelo corte de verbas pelo Congresso ou por um ministério determinado. Entretanto, as agências insuladas desempenharam um papel crucial no processo de desenvolvimento: sua experiência crítica foi forjada defendendo-se contra a interferência política.

Se o início de uma utilização intencional do insulamento burocrático, como forma de deslanchar projetos industriais, remonta ao segundo governo Vargas, foi o governo Kubitschek (1956-61) que fez uso do insulamento burocrático em larga escala, combinando-o com a patronagem, para consolidar o avanço da industrialização brasileira.

O sucesso de Juscelino foi possível em razão da combinação de: estabilidade política na aliança PSD/PTB — fortemente baseada na patronagem — eventualmente suplementada pela UDN; existência de um amplo consenso sobre a necessidade do desenvolvimento nacional; disposição governamental de investir pesadamente em infra-estrutura; decisões instrumentais que tiraram vantagem da situação econômica favorável, tanto interna quanto externamente.

Sincretismo político, uma ideologia instrumental, decisões instrumentais e recursos econômicos adequados foram os quatro fatores principais que tornaram possível a existência de um sistema híbrido no Brasil. Nele, o corporativismo não desapareceu, o insulamento burocrático progrediu, e o universalismo de procedimentos foi enfatizado em certas áreas e agências.

É importante ressaltar que nenhum dos fatores mencionados era desconhecido da sociedade ou da política brasileira. Investimentos estrangeiros estavam presentes no Brasil desde 1500; decisões instrumentais voltadas para a modernização do país também tinham sido tomadas durante o primeiro governo Vargas; estabilidade política existira antes, e finalmente o nacionalismo era uma realidade desde a década de 20.

Se nenhum desses fatores era totalmente novo para a sociedade brasileira, sua maturação e sua combinação em um sistema sincrético e integrado sofreu um lento processo de maturação e transformação. É essa combinação, e não este ou aquele fator isolado, que constituiu a singularidade do período. E para discutir esse processo, o cenário histórico ideal é o governo JK.

Uma Ideologia Instrumental: o Nacional-Desenvolvimentismo

A criação de uma arena de insulamento burocrático deve ser compreendida no contexto da emergência da ideologia do nacional-desenvolvimentismo.

A consciência do atraso econômico brasileiro já existia há longo tempo. Nas décadas de 20 e 30 vários autores afirmavam a necessidade de se modernizar o país, de se criar uma ordem burguesa não-particularista ao lado de um sistema político não-oligárquico baseado no "domínio público".[15]

O movimento em prol da modernização do país ganhou um grande alento a partir da Revolução de 30. A despeito das freqüentes dúvidas sobre o processo — os mecanismos que deveriam ter sido utilizados —, e sobre os agentes da modernização, há um razoável consenso de que a oligarquia rural e a ordem particularista por ela mantida impediam a modernização.

Ao mesmo tempo, a ausência de uma burguesia ascendente tornava especialmente difícil a proposta de criação de uma nova ordem pública baseada em valores burgueses. Freqüentemente, era sugerido que o Estado deveria ser o "substituto funcional" da burguesia na criação do Brasil moderno. Com alguma freqüência, um "autoritarismo instrumental", para tomar emprestado a expressão de Wanderley Guilherme dos Santos, era prescrito como o meio mais apropriado para se criar a nova ordem.[16] O dilema vivido pelos intelectuais era intenso, uma vez que eles advogavam a criação de uma ordem burguesa mesmo na ausência de uma burguesia sólida.

A Segunda Guerra Mundial acentuou a consciência da vulnerabilidade do país. A dependência da exportação de produtos primários gerou enorme incerteza sobre o futuro e novas discussões sobre a necessidade de se industrializar o país. Alguns anos mais tarde, a Guerra da Coréia, que muitos temiam se transformasse em uma nova guerra mundial, aumentou a ansiedade sobre o futuro do país. A consciência do atraso econômico e da necessidade de se alterarem os rumos econômicos do Brasil atingiram uma massa crítica.[17]

Getúlio e sua Assessoria Econômica constituíram um foco central inicial de preocupações nacionalistas e desenvolvimentistas. Vera Alice C. Silva, por exemplo, estabelece uma distinção entre o nacionalismo como *ideologia* e como *estratégia* para sustentar opções desenvolvimentistas. A utilização de uma estratégia nacionalista por Getúlio e por Juscelino garantiu amplo apoio político para o processo de mudança econômica e industrialização intensiva, desencadeado nos anos 50. Vargas e seus conselheiros econômicos adotaram um programa de nacionalismo pragmático como estratégia básica para o desenvolvimento econômico.[18]

O desenvolvimentismo tornou-se uma questão central, tanto para a esquerda como para a direita. Mesmo economistas liberais como Roberto Campos (um dos "desenvolvimentistas cosmopolitas" discutidos adiante), à época no BNDE, defendia a utilização do Estado como agente econômico para sustentar a industrialização.[19]

O nacional-desenvolvimentismo que constituiu a base doutrinária do governo Kubitschek era baseado numa visão de mundo que pode ser sintetizada nas palavras do próprio Juscelino:

> O nacionalismo que nós temos em vista está fundamentado em nosso desenvolvimento (...) e nosso nacionalismo não é uma paixão fanática, bruta, deformada, imoderada mas, antes, uma consciência clara (...) Nosso nacionalismo não é uma arma política, mas um elevado estado da mente, um impulso construtivo tal como este que forma, por exemplo, o Plano de Metas que é, esse sim, uma força nacionalista, uma cruzada cujos objetivos, multiplos em aparência, são na realidade baseados num grande e único objetivo do desenvolvimento.[20]

Discursando no Clube Militar, em 21 de julho de 1959, Juscelino empregou a mesma retórica nacionalista para explicar as razões do rompimento das negociações com o FMI. Na ocasião, o presidente afirmou que o Brasil recebia muito bem os investimentos estrangeiros, mas estabelecia uma distinção clara entre colaboração e exploração. Explicou que os "objetivos nacionais" (isto é, industrialização e desenvolvimento econômico) constituíam a maior prioridade do seu governo.[21]

O nacional-desenvolvimentismo tornou-se a estratégia política dominante nos anos 50 e encontrou em Juscelino, e em seu governo, sua mais forte expressão. Defensores do desenvolvimentismo podiam ser também identificados entre militares, grupos profissionais, setores da burocracia estatal e classes médias urbanas.

A oposição ao nacionalismo também estava presente em muitos lugares, e acalorados debates e acusações contra os "entreguistas" aconteciam em inúmeros fóruns. O mais interessante, entretanto, era a ausência de visões alternativas de igual força.[22]

Durante os anos 50, muitos daqueles que tinham tido experiência prévia trabalhando com a Comissão Mista Brasil-Estados Unidos, com a Missão Abbink, com o grupo CEPAL/BNDE, com a Assessoria Econômica e em missões diplomáticas começaram a ocupar posições cruciais no aparelho de Estado e a buscar estratégias racionais de desenvolvimento.[23]

A despeito do consenso existente a respeito da percepção de que o desenvolvimento era a meta principal, as opiniões se dividiam quando se tratava de escolher *uma* estratégia de desenvolvimento a ser seguida. O grupo concentrado na SUMOC privilegiava a liberalização do comércio, estimulando investimentos estrangeiros e limitando a intervenção do Estado na economia. Outros, incluindo Celso Furtado, técnicos do BNDE e antigos membros da Assessoria Econômica, defendiam a intervenção estatal, controles mais rígidos sobre o capital estrangeiro e estímulo à indústria nacional.

Na verdade, um amálgama destes dois pontos de vista antagônicos constituiu a base do processo de formulação da política econômica, na maior parte da década de 50. Mais importante ainda, as discrepâncias deram lugar a um resultado mais estatizante durante a intensa industrialização dos anos JK. O sincretismo político dos governos Vargas e Kubitschek incluiu a habilidade em juntar técnicos com visões antagônicas e fazê-los funcionar a contento sob o guarda-chuva dominante do nacional-desenvolvimentismo.

Este sincretismo no interior do núcleo técnico do aparelho de Estado foi brilhantemente analisado por Lourdes Sola. Seu estudo demonstra vários pontos cruciais para o meu argumento. Primeiro, documenta a emergência do que denominei "nova arena para a política", a arena estatal, onde técnicos disputavam concepções políticas e implementações de políticas alternativas. Os técnicos não constituem um grupo de pressão no sentido tradicional, tampouco constituem uma tecnocracia. Suas ações "técnicas" eram totalmente politizadas dentro desta nova e "não convencional arena política".[24]

Segundo, utilizando entrevistas pessoais com vários técnicos importantes, Lourdes Sola demonstra que a politização do núcleo técnico da arena estatal excluía, explicitamente, qualquer filiação a partidos políticos, em razão da natureza clientelista e elitista da estrutura partidária. Tal como afirmavam os entrevistados, como "técnicos em fins" eles perseguiam certos objetivos, isto é, o desenvolvimento, enquanto que os partidos estavam mais interessados nos meios para exercer o controle político e a patronagem.

Os técnicos eram profissionais bem-sucedidos em seus próprios campos e evitavam ligações com empresários, militares e jornalistas. A despeito do consenso sobre o desenvolvimento como meta, existiam profundas diferenças nas concepções dos técnicos. Aprofundando a discussão de uma tipologia elaborada por Hélio Jaguaribe em 1962, Lourdes Sola distingue entre "desenvolvimentistas cosmopolitas" e "nacional-desenvolvimentistas". Os primeiros enfatizavam a necessidade de colaboração com o capital estrangeiro em grau maior do que faziam os "nacionalistas". Inicialmente, os nacionalistas se reuniam em torno da Assessoria Econômica, com a qual eram mais identificados. Já os cosmopolitas se agrupavam em torno da SUMOC e da Comissão Mista Brasil-Estados Unidos e eram mais identificados com esses dois organismos.

Cosmopolitas e nacionalistas discordavam, também, acerca do grau de interferência do Estado no processo de desenvolvimento econômico. Mas os cosmopolitas estavam divididos internamente: aqueles que defendiam a estratégia de uma taxa acelerada de crescimento e de industrialização, os "cosmopolitas desenvolvimentistas", apoiavam também uma presença mais forte do Estado no processo.

Concluindo, o nacional-desenvolvimentismo forneceu uma base para a formulação de políticas e para um sentido de desígnio, sob a dominação dos "nacionalistas pragmáticos". Esta estratégia nacionalista não excluía o capital estrangeiro, na medida em que este contribuiu para a verticalização do processo de industrialização no Brasil.

Decisões Instrumentais e Recursos Econômicos Crescentes

A despeito do tom nacionalista, as políticas governamentais estimularam os investimentos estrangeiros na indústria, basicamente através da regulamentação das taxas de câmbio e das tarifas alfandegárias, além das políticas comerciais.

As políticas comerciais do pós-guerra sofreram variações consideráveis e são caracterizadas por vários estágios. Até 1947 não houve qualquer restrição às importações; as reservas cambiais eram abundantes e disponíveis para transações. O cruzeiro estava supervalorizado e manteve-se no mesmo patamar de antes da guerra, ou seja, Cr$ 18,50 por dólar. A taxa de câmbio vigente não estimulava as exportações e acentuou a demanda por produtos importados. A guerra da Coréia (1950-53) funcionou como um estímulo adicional à demanda maciça por importações, enquanto um sistema de controle administrado pela Carteira de Exportação e Importação (CEXIM) do Banco do Brasil tentava freá-las.

Os controles sobre as importações foram impostos por causa dos desequilíbrios gerados pela supervalorização do cruzeiro e a conseqüente dissipação das reservas cambiais. Estes controles tinham como objetivo conter os desequilíbrios.

Embora os problemas do balanço de pagamento não tivessem sido resolvidos pelo controle sobre a importação, esta política teve como conseqüência inesperada o favorecimento da industrialização por substituição de importações. No entanto, a industrialização ainda não era uma meta, uma vez que a política comercial daquele período refletia apenas as reações governamentais aos problemas do balanço de pagamentos.

Como estes problemas persistissem, em 1953 foi implantado um novo sistema, que consistia em múltiplas taxas de câmbio aplicadas a diferentes produtos. A moeda estrangeira tornou-se disponível para importações através de leilões semanais. Criado pela Instrução 70 da SUMOC, este sistema funcionou como uma desvalorização *de fato* do cruzeiro para importações. "Ele também carreou para o governo os lucros inesperados oriundos das importações e eliminou as pressões para corrupção administrativa na concessão de licenças."[25]

De acordo com o novo sistema, os principais produtos importados foram divididos em cinco categorias, através dos leilões; outras cláusulas também beneficiavam a importação de maquinaria. Este novo sistema consolidou mais adiante uma reserva de mercado para a industrialização por substituição de importações, porque taxou pesadamente as importações não cruciais. O sistema também funcionou como um subsídio implícito aos bens de capital e aos insumos industriais básicos, dadas as taxas de câmbio mais baixas atribuídas a estes itens.[26]

Os primeiros passos verdadeiros na direção de uma política industrial só foram tomados depois que Getúlio Vargas assumiu o poder pela segunda vez, em 1951. De 1952 em diante foram feitos vários ajustes fiscais, que geraram recursos adicionais para o Estado e criaram melhores condições para o investimento em infra-estrutura.[27]

Após o suicídio de Vargas, e antes da eleição de Juscelino, houve um breve período de políticas de estabilização mais ortodoxas, sob a liderança de Eugênio Gudin e do grupo da SUMOC. Este grupo estava mais claramente ligado ao FMI e impôs políticas recessivas a fim de controlar a inflação e administrar os problemas do balanço de pagamentos. Terminado este curto interregno, a estabilização tornou-se um objetivo secundário no governo JK. A sustentação da atividade econômica pelo Estado transformou-se numa pedra de toque e a redução da demanda foi desestimulada.

Juscelino, entretanto, foi beneficiado por uma medida formulada e implementada pelo grupo da SUMOC: a famosa instrução 113 de 1955, que permitia às empresas estrangeiras a importação de bens de capital e equipamentos sem cobertura cambial, mas a permissão só era dada para conjuntos completos de equipamentos. As condições criadas pela instrução 113 foram consideradas mais favoráveis pelos investidores que as da instrução 70. Se estes escolhessem os termos da instrução 70, deveriam injetar dólares no Brasil, a taxas do mercado paralelo, para adquirir licenças de importação nos leilões, a taxas mais altas.[28] Segundo Pedro Correa do Lago, após a instrução 113 aumentou drasticamente a entrada de capital estrangeiro no Brasil.[29]

Exceto pela curta passagem de Gudin pelo Ministério da Fazenda (25.08.54 — 12.04.55), os anos 50 consagraram políticas econômicas não-ortodoxas e conflitos com o FMI, finalmente repudiado por Juscelino.

Segundo Carlos Lessa, a pergunta crucial a ser feita é por que o Brasil decidiu perseguir o desenvolvimento ao invés da estabilidade, distanciando-se de outros países latino-americanos neste particular.[30] Lessa aponta razões subjetivas e objetivas: a) a consciência do atraso; b) as políticas fiscais adotadas para financiar programas não sofreram a oposição da burguesia, e o interesse dos capitalistas nacionais (a burguesia industrial ainda não era bastante forte para impor o seu próprio projeto, mas já podia representar um aliado poderoso); c) a industrialização e desenvolvimento anteriores tornaram possível optar pelo planejamento econômico e pela expansão, em lugar da retração.

Durante os vinte anos anteriores ao Programa de Metas, e até 1973, o suprimento de produtos industrializados (importação mais produção nacional) cresceu a uma taxa anual de 8% (quando alguns "anos ruins" são excluídos, a taxa sobe para 10,5% no período 1937-39 a 1954-56, e para 11,2% no período 1954-56 a 1971-73).[31] O crescimento industrial foi especialmente rápido durante a década de 40, período em que o Brasil atingiu o ápice da denominada *easy phase* da substituição de importações; o PIB cresceu a uma taxa anual de 7,1% no período 1947-61.[32] Nos anos 50, "e particularmente entre 1956 e 1961, foi completada uma parte substancial da 'fase difícil' da industrialização por substituição de importações".

SINCRETISMO POLÍTICO NO GOVERNO JK

O impressionante processo de desenvolvimento deslanchado no governo JK deve ser entendido no contexto de uma situação política na qual as várias gramáticas que caracterizaram o sistema político brasileiro foram habilmente combinadas.

A coalizão entre o PSD oligárquico e o PTB populista resultou na eleição de Juscelino Kubitschek para a presidência da República em 1955. A despeito de pertencer ao PSD, conhecido por seus vínculos rurais, Juscelino iniciou um ambicioso programa, sob a égide do Programa de Metas que enfatizava a energia elétrica, a construção de rodovias, o desenvolvimento da indústria automobilística, a construção naval, a criação de uma nova capital e a auto-suficiência em petróleo. O plano concentrava-se em propostas que tinham como objetivo aumentar o crescimento econômico e garantir o controle nacional sobre a exploração dos recursos naturais. Medidas de bem-estar social vinham em segundo plano.

O PTB estava representado na coalizão pelo vice-presidente João Goulart. Embora originalmente organizado pelo Estado, basicamente como um mecanismo para controlar e cooptar a classe operária, o PTB criou uma série de conflitos com o PSD, em razão de seu apoio constante e promoção da mobilização operária como forma de veicular demandas populares. Através do vice-presidente e do controle sobre o Ministério do Trabalho, o partido pôde enriquecer a agenda de vantagens sociais para os trabalhadores, por meio da mobilização e da pressão política, mas também de uma contínua troca de favores políticos com a elite nacional.

João Goulart controlava a política trabalhista, como parte do acordo entre PSD e PTB, através do Ministério do Trabalho e de uma rede corporativista que unia sindicatos, institutos de previdência social e dispositivos legais.[33] O PSD controlava outras redes clientelistas na administração, através de ministérios como Viação e Obras Públicas, Justiça, Agricultura, Fazenda. Já a UDN, embora apoiasse o programa de Juscelino no Congresso, não ocupou uma única pasta. Este foi o governo em que o PSD ocupou o maior número de ministérios.[34]

Uma vez obtida a aprovação do Plano de Metas no Congresso, o presidente conseguiu criar um espaço de manobra para sua implementação, precisamente em razão do bom funcionamento da coalizão partidária. Sua estratégia consistiu em evitar negociações sobre vários detalhes para a execução do programa; não obstante, inúmeras questões específicas iriam requerer aprovação do Congresso, uma vez que nem todos os recursos estavam reservados e dependiam do orçamento anual. "Além disso, um certo número de outras importantes medidas tinham de ser votado pelo legislativo em áreas como créditos especiais, taxação e outras."[35]

O apoio do Congresso foi obtido através de coalizões entre os quatro maiores partidos: PSD, PTB, UDN e PSP. Wanderley Guilherme dos Santos verificou que em 42% de todas as votações os quatro maiores partidos votaram juntos; quando se coloca o PSD no centro da coalizão de apoio, em 84% dos casos ele contou com a adesão de pelo menos dois dos maiores partidos; e "para decisões que concediam créditos especiais ao Executivo, indispensáveis para a implementação do Programa de Metas, 72% foram apoiadas pelos quatro partidos."[36]

Em contexto de intensa mobilização econômica, o clientelismo era a principal força e a principal fraqueza do sistema partidário. O clientelismo fortalecia o sistema na medida em que, dada a interpenetração das agências burocráticas tradicionais e os partidos, estes sempre tinham acesso a recursos para trocar por apoio. Mas o clientelismo era também uma fraqueza porque, dada a insistência na manutenção da política clientelista e sua gramática estabilizadora da troca generalizada, os partidos não chegaram a lidar efetivamente com a área crucial da política econômica básica, criando assim um espaço no qual o Executivo pôde manobrar autonomamente e promover o insulamento burocrático para atingir suas metas de desenvolvimento.

As agências encarregadas do desenvolvimento econômico precisavam de dois recursos para levar seus planos efetivamente adiante: pessoal competente e capital suficiente. JK imaginou maneiras de providenciar ambos e utilizou o privilégio do Executivo para preencher os cargos na burocracia insulada sem adotar qualquer procedimento formal. Os Grupos Executivos foram compostos com pessoal requisitado à SUMOC, à CACEX, ao BNDE, ao DASP, aos ministérios etc. O BNDE participou da preparação do Programa de Metas sob a direção de Roberto Campos, seu superintendente à época, e de Lucas Lopes.[37] Em parte, ao requisitar os funcionários mais competentes dos vários órgãos, Juscelino contornou não só a burocracia tradicional, mas também qualquer tipo de universalismo de procedimentos porventura existente.[38]

Do ponto de vista econômico, o plano altamente vitorioso de Juscelino repousa em quatro pontos fundamentais: a) um tratamento favorável ao capital estrangeiro; b) a participação da administração pública direta no processo de formação de capital interno; c) a canalização de investimentos privados para áreas pouco atraentes, mas consideradas estratégicas pelo Programa, através de incentivos fiscais e empréstimos sob condições especiais; d) uma forma não-ortodoxa de tratar a estabilização econômica, pela manipulação de altas taxas de inflação (20%), o que levou o Programa a absorver a poupança.[39]

O governo JK criou instrumentos altamente flexíveis para gerir o Programa de Metas. Recursos financeiros não sujeitos a cortes orçamentários foram alocados a agências governamentais semi-autárquicas, para facilitar a realização das metas propostas.[40] Aquelas que dependiam dos esforços do setor privado foram sustentadas por uma combinação de vários estímulos e subsídios, sob a coordenação dos Grupos Executivos, que analisavam projetos, tomavam decisões e providenciavam financiamento rápido. Esses grupos eram compostos por representantes de várias agências governamentais e dos interesses privados.

Antes da criação dos Grupos Executivos, um projeto industrial era interminavelmente retido, enquanto tramitava pelos canais burocráticos. Segundo Paulo Roberto Motta, o projeto de uma nova fábrica tinha de ser analisado pela CACEX para se verificar a existência ou não de similar nacional; em seguida, o Ministério da Guerra avaliava suas implicações para a segurança nacional e, finalmente, a Carteira de Câmbio do Banco do Brasil verificava a disponibilidade de moeda estrangeira e o que mais fosse necessário, dada a natureza do projeto.[41] Além do longo tempo perdido no atoleiro burocrático, os projetos não eram examinados como um todo pelas agências interessadas em sua execução. Mais ainda, a seleção dos projetos a serem apoiados era muito difícil, porque cada agência utilizava diferentes critérios para avaliá-los. A ausência de uma perspectiva única e global entre as agências tornava extremamente complicada a implementação de um projeto nacional de desenvolvimento industrial.

As mais importantes decisões instrumentais do governo JK, do ponto de vista da administração econômica, envolveram a criação dos Grupos Executivos e do Conselho de Desenvolvimento, este instalado por Juscelino no dia seguinte à posse, com a tarefa de coordenar os esforços de planejamento; na verdade, a criação deste conselho visava contornar as ineficiências da burocracia tradicional.

Uma das mais sérias insuficiências da máquina administrativa era a inexistência de um órgão não-burocrático capaz de coordenar as medidas econômicas exigidas pelo Programa de Metas. As atividades de rotina podiam ser realizadas pela administração, mas um plano inovador como aquele requeria estruturas mais dinâmicas, e este papel foi destinado ao Conselho de Desenvolvimento. Era composto por ministros de Estado, os chefes dos Gabinetes Civil e Militar, os presidentes do Banco do Brasil e do BNDE, e era assessorado por uma Secretaria-Executiva, "não-burocrática", que tinha à sua disposição especialistas do setor público e do setor privado.[42]

"Um fator crucial para o sucesso dos Grupos Executivos foi o de que o planejamento era feito pelas mesmas pessoas que teriam de implementá-lo."[43] Para qualquer projeto, se houvesse necessidade de concessões tarifárias, de construção de estradas ou de facilidades de qualquer espécie, todas as agências relevantes estavam à mão para uma decisão rápida. As empresas participantes negociavam diretamente com aqueles que detinham o real poder de decidir e implementar. Um ponto que deve ser enfatizado é o de que os Grupos Executivos foram criados por decreto, "o que alijava a intervenção do Congresso."[44]

O Grupo Executivo para a Indústria de Construção Naval (GEICON) ilustra bem a eficiência e a rapidez com que se moviam estas novas burocracias insuladas. O GEICON foi criado por decreto em 13 de junho de 1958, depois que o Congresso aprovou a criação do Fundo de Marinha Mercante (Lei nº 3.381, de 24.04.1958); um segundo decreto, de 9 de julho, estabelecia as diretrizes básicas para a implementação de uma indústria de construção naval. Dois dias depois, o GEICON começou a expedir resoluções, fixando normas para a nacionalização da construção naval, para a elaboração de projetos de estaleiros, para estimular a construção naval e para a concessão de subsídios cambiais para a importação de equipamentos.

Em 30 de agosto, a Resolução 4/58 do GEICON estabelecia um cronograma para a apresentação de projetos específicos. Em 25 de novembro o grupo já tinha aprovado o projeto de expansão do estaleiro da Companhia Comércio e Navegação (Estaleiro Mauá), de Niterói (RJ), e o projeto de constituição do Estaleiro Ishikawajima, no Rio de Janeiro, então Distrito Federal. Em 27 de janeiro de 1959 foi aprovada a instalação do Estaleiro Verolme, em Angra dos Reis (RJ); nos seis meses seguintes foram aprovados sete novos projetos. Esta velocidade na aprovação e implementação de projetos de desenvolvimento não tinha precedentes no Brasil.[45]

Ao mesmo tempo que se apoiava nas agências insuladas para realizar as tarefas do desenvolvimento, Juscelino utilizava a política tradicional de empreguismo para consolidar apoio político: protegia as agências insuladas e lhes garantia acesso aos recursos, enquanto geria o resto do sistema político de modo a reduzir potenciais contestações às metas desenvolvimentistas e às suas formas de alcançá-las.

Juscelino impediu que o DASP realizasse concursos para o serviço público, com a justificativa de que era um processo muito caro, mas ele próprio é acusado de ter feito perto de sete mil nomeações políticas, apenas no primeiro ano de governo. Entretanto, a maior parte delas foi feita por João Goulart nos ministérios do Trabalho e da Agricultura e em suas autarquias, principalmente os institutos de previdência, beneficiando principalmente o PTB.

No final de seu mandato, JK tentou assegurar a presença de seus aliados na administração, garantindo assim sua lealdade política, através de um grande número de nomeações apressadas. A imprensa estimou em 15 mil essas nomeações, enquanto o governo, através do Ministério do Trabalho, afirmou que não passaram de 4.436, sendo 1.657 por concurso; as restantes 2.779 eram nomeações clientelistas.[46]

Conclusão: a Combinação das Gramáticas como um Ato de Malabarismo

A combinação de fatores analisada nas seções anteriores explica a criação de uma "janela" histórica para o processo de construção institucional e acumulação de capital no Brasil. A definição de uma trajetória para o capitalismo moderno, baseada no avanço da industrialização, teve lugar num contexto governado pela lógica da troca generalizada. As tentativas de substituição desta lógica pelos cânones da troca específica, que caracterizam as modernas economias de mercado, dependeram da intervenção do Estado e do insulamento burocrático.

O insulamento burocrático forneceu ao país uma administração econômica racional, gerida por elites profissionais modernizantes associadas a grupos empresariais internacionalizados. Embora essas elites se percebessem como portadoras legítimas de valores modernos e universalistas, o resultado de sua ação não foi absolutamente a criação de um "domínio público". Suas atividades não tinham por objetivo a expansão das bases para uma cidadania universalista no país; ao invés disso, contribuíram para manter inalteradas as bases da "cidadania regulada" da República Velha. Ao ocupar o espaço deixado pelo sistema clientelista, as burocracias insuladas provaram sua eficiência em gerir a economia, mas não se preocuparam em criar formas de controle do aparelho burocrático pelo Congresso ou por outras agências.

Os "anéis burocráticos" que ligam a burocracia técnica à burguesia internacional foram intensificados, e a burocracia insulada se distanciou da *res publica*, tal como as instituições políticas clientelistas tinham feito no passado.

A manutenção de um sistema como aquele era um ato de malabarismo. Primeiro, o sistema era complexo e caro. Complexo, porque requeria capacidade organizacional para se comunicar de maneira igualmente eficaz em gramáticas políticas conflitantes. Isto é, diferentes organizações públicas tinham de ser capazes de se comunicar com grupos e forças sociais com interesses muito distintos e que se comportavam de acordo com lógicas diferentes e freqüentemente contraditórias. Ao mesmo tempo em que o PTB, o Ministério do Trabalho e o vice-presidente João Goulart controlavam a política trabalhista e a mobilização operária, tornando-se mais nacionalistas, esquerdistas, pressionando pela adoção de políticas redistributivas, os Grupos Executivos fortaleciam seus laços com capitalistas nacionais e estrangeiros e davam passos concretos para a internacionalização da economia brasileira e a acumulação de capital.

Mas o sistema de patronagem era caro. Sua manutenção envolvia freqüentemente a alocação de recursos públicos em investimentos com baixa taxa econômica de retorno, mesmo que pudessem gerar benefícios sociais e certamente benefícios eleitorais. Era ainda caro, porque o investimento rápido e concentrado em gigantescos projetos de infra-estrutura demandavam maiores gastos públicos.

Segundo, tratava-se de um ato de malabarismo porque os atores cruciais envolvidos no planejamento e na implementação do plano de desenvolvimento concordavam sobre a meta geral a ser atingida — a industrialização — mas discordavam sobre as premissas de valor — isto é, as ideologias — e tecnologias a serem utilizadas.

A solução encontrada por Juscelino e por Getúlio foi evitar que a politização das questões gerasse uma paralisia decisória na parte executiva: ambos mantiveram os técnicos discordantes em diferentes agências, garantindo assim a eficiência e a consistência interna de cada agência. Os dois presidentes puderam manipular as agências e reconciliar suas atividades em fóruns maiores como o Conselho de Desenvolvimento, os Grupos Executivos ou o BNDE, onde as decisões eram baseadas em premissas mais pragmáticas e menos ideológicas. Assim, o debate ideológico podia prosseguir, tanto no Congresso como entre técnicos e agências, sem efeitos particulares nas decisões.

FIGURA 2
Mudança na Continuidade:
Clientelismo e Insulamento Burocrático no Brasil Contemporâneo

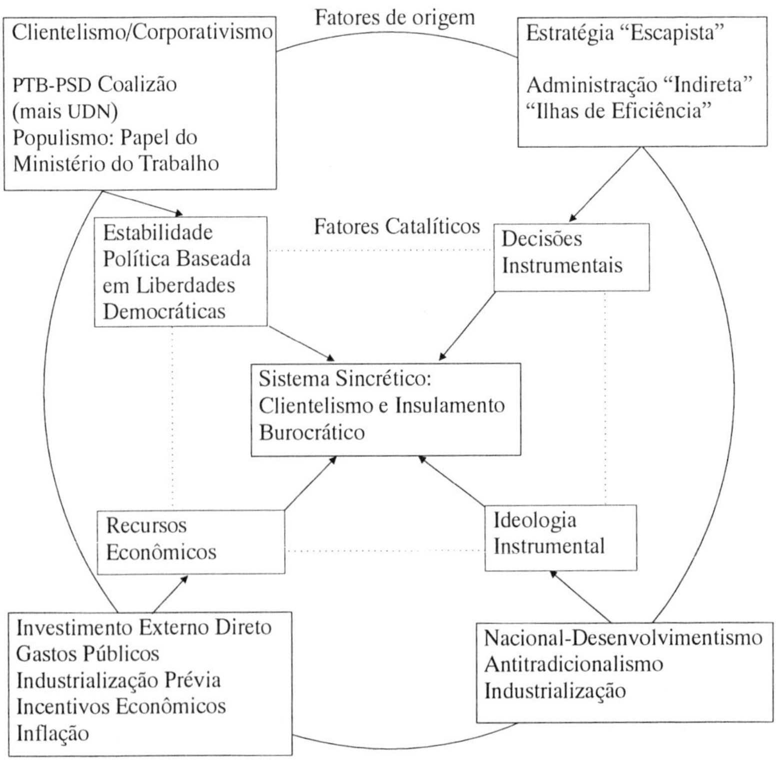

NOTAS

1. Pedro S. Malan, et al., *Política econômica externa e industrialização no Brasil, 1939-1952*, p.368-9; L.C. Bresser Pereira, *Desenvolvimento e crise no Brasil*.

2. Maria Celina D'Araújo, *O segundo Governo Vargas, 1951-1954*; Thomas Skidmore, *Brasil: De Getúlio a Castelo*; Francisco C. Weffort, "Participação e conflito industrial: Contagem e Osasco, 1968", *Cadernos Cebrap*; Kenneth Erickson, *The Brazilian Corporate State and Working Class Politics*.

3. "O resultado (...) foi o aparecimento, no corpo administrativo do Estado, de bolsões de eficiência, que tiveram condições, dadas as características do modelo econômico, de assegurar, operacionalmente, o papel do Estado no controle da economia." Cf. Celso Lafer, *O sistema político brasileiro*, p.67.

4. Paulo Roberto Motta, "O grupo executivo como instrumento administrativo de implementação econômica".

5. Pedro Lago, "A SUMOC como embrião do Banco Central: sua influência na condução da política econômica, 1945-1965", Dissertação de Mestrado.

6. Ibid., p.9 e seg.

7. Ibid., p.12. A fonte é "Foreign Relations of the US", p.368.

8. René A. Dreifuss, *A conquista do Estado: ação, política, poder e golpe de classe*, p.77.

9. Ibid., p.73 e seg.

10. Lawrence Graham, "Civil Service Reform in Brazil: Principles versus Practice", *Latin American Monographs*, p.270-1.

11. Pedro Lago, "A Sumoc como embrião do Banco Central...".

12. Rogério F. Pinto, "The Political Ecology of the Brazilian National Bank for Development (BNDE)"; Luciano Martins, *Pouvoir et développement économique: formation et evolution des structures politiques au Brésil*.

13. "(...) Pela primeira vez um governo brasileiro criava um órgão permanente de planejamento encarregado de estudar e formular projetos sobre os principais aspectos da economia do país. (...) Agindo fora das vistas publicitárias e com independência em relação aos interesses político-partidários, esse órgão consegue levar a cabo um trabalho permanente que acaba por conferir ao Governo uma orientação administrativa que não poderia ser obtida através de composições partidárias. Enquanto estas refletiam o mundo da barganha e do conflito, a Assessoria expressava uma direção definida quanto ao planejamento econômico e quanto a uma forma de atuação do Estado nas questões de economia." Maria Celina D'Araújo, *O segundo Governo Vargas...*, op. cit., p.134.

14. Ibid., p.135; José Almeida, *A implantação da indústria automobilística no Brasil*, p.15.

15. Wanderley Guilherme dos Santos, *Ordem burguesa e liberalismo político*.

16. Ibid., p.103.

17. Quanto à importância da consciência do atraso econômico para o processo de desenvolvimento, a referência obrigatória é: Alexander Gerschenkron, *Economic Backwardness in Historical Perspective*. No contexto latino-americano, com ampla referência ao Brasil, ver Albert Hirschman, *A Bias for Hope*. Para o contexto brasileiro são úteis as seguintes referências: Caio Navarro Toledo, *ISEB: fábrica de ideologias*; Gabriel Cohn, *Petróleo e nacionalismo*; Hélio Jaguaribe, *O nacionalismo na atuali-*

dade brasileira; Nathaniel Leff, *Economic Policy-Making and Development in Brazil*; Monica Pimenta Velloso, "O mito da originalidade brasileira", Dissertação de Mestrado; W.G. dos Santos, *Ordem burguesa...*; Sérgio Miceli, *Intelectuais e classe dirigente no Brasil, 1920-1945*; Miriam L. Cardoso, *Ideologia do desenvolvimento: Brasil, JK-JQ*.

18. Vera Alice C. Silva, "Os técnicos no governo Vargas, 1951-1954: desenvolvimento e nacionalismo", p.3 e 11.

19. Ver Roberto Campos, *Ensaios de história econômica e sociologia*. Em palestras proferidas durante a década de 50, Roberto Campos denomina a si próprio um "nacionalista pragmático". Em outro trabalho, *Economia, planejamento e nacionalismo*, Campos discorre, em vários artigos escritos entre o final da década de 40 e o início da década de 60, sobre o papel do Estado no desenvolvimento do plano nacional.

20. Juscelino Kubitschek, *A marcha do amanhecer*.

21. Resenha do governo do presidente Juscelino Kubitschek, 1956-1961, Rio de Janeiro, Serviço de Documentação da Presidência da República, 1960.

22. Nathaniel Leff, *Economic Policy-Making and Development...*, op. cit., p.141-2. Dilemas existiam, porém. Para uma descrição do dilema ideológico dentro das Forças Armadas e a luta interna que este dilema causou no Clube Militar, ver Antônio Carlos Peixoto, "Le Clube Militar et les affrontements au sein des Forces Armées, 1945-1964", in Alain Rouquie (org.), *Les parties militaires au Brésil*. No geral, a visão de mundo dominante no período pode ser resumida através da seguinte expressão de Ernane Galvêas, claramente "ajustada" à ideologia do momento: "No Brasil, como na maior parte dos países subdesenvolvidos, esta perspectiva protecionista, esta reação que nós chamamos defesa contra as forças que vêm de fora, tem se tornado suficientemente definitiva. Este é, em nossa visão, o ponto principal da lógica do nacionalismo (...) Nós estamos convencidos que o mais significativo conteúdo do nacionalismo é o que trata a política de industrialização (...) Nós estamos convencidos que um conjunto de princípios doutrinários que em algum sentido governa as relações econômicas no mundo são, como o padrão ouro, um instrumento à serviço das economias dominantes (...) Organizações como o GATT usam esse conjunto de princípios como base de suas políticas e ações em relação aos membros – países, especialmente os subdesenvolvidos (...) Nós chegamos, desse modo, ao entendimento de que o nacionalismo é uma corrente de pensamento unida ao desenvolvimento econômico." Ver Ernane Galvêas, "Nacionalismo e desenvolvimento econômico", *Revista Econômica Brasileira*.

23. René A. Dreifuss, *A conquista do Estado...*.

24. Lourdes Sola, "The Political and Ideological Constraints to Economic Management in Brazil, 1945-1963", Tese de Doutorado, p.130-1.

25. Lincoln Gordon, "United States Manufacturing Investment in Brazil: The Impact of Brazilian Government Policies"; Dreifuss, *A conquista do Estado...*, documenta este processo de uma maneira crítica. Outras referências a este ponto deveriam incluir Maria Vitória Benevides, *A UDN e o udenismo*; Luciano Martins, *Pouvoir et développement...*. Uma lista de participantes na Missão Abbink e nas Comissões Conjuntas Brasil-EUA encontra-se em Pedro Malan et al., *Política econômica externa e industrialização no Brasil, 1939-1952*; Pedro Lago, "A SUMOC como embrião do Banco Central: sua influência na condução da política econômica, 1945-1965", Dissertação de Mestrado, detalha as atividades dos grupos de economistas que circulavam em torno de Gudin e Bulhões desde a década de 40; Maria Celina D'Araújo, *O segundo Governo Vargas*, apresenta informações sobre a "Assessoria Econômica". Talvez a

melhor e mais completa análise sobre o papel dos técnicos, e da busca por estratégias de desenvolvimento, encontra-se em Lourdes Sola, "The Political and the Ideological Constraint...".

26. Carlos Lessa, "Quinze anos de política econômica", *Cadernos do Instituto de Filosofia e Ciências Humanas.*

27. Desde 1952 vários ajustes fiscais foram feitos: elevação dos impostos sobre combustíveis, que provia recursos para planos de estradas de ferro; o adicional sobre Imposto de Renda promovia as bases para a criação do BNDE; e a reforma da substituição da Instrução 70 da SUMOC e a retomada pelo governo dos ganhos sobre importações. Para maiores detalhes ver Carlos Lessa, "Quinze anos..." e Lincoln Gordon, "United States Manufacturing Investment...".

28. A "Instrução 70" culminou com a luta entre a CEXIM e a SUMOC. O enorme déficit de 1952 tornou claro que o comando nas mãos da CEXIM não foi suficiente para controlar o fluxo de importações. Gordon sugere que a CEXIM era mais liberal (Luís Simões Lopes, o primeiro homem do DASP, era o diretor). A SUMOC queria controles mais eficientes – algo como a Lei 1807 aprovada pelo Congresso em 1952. Em outubro de 1953 a Instrução 70 era questionada. Alguns autores insistem que a CEXIM não controlou o déficit devido à corrupção. Fishlow concorda que a corrupção existia. Entretanto, ele argumenta que a extensão, segundo a qual a CEXIM seria a única responsável pelo déficit, tem sido exagerada. Fishlow argumenta, ainda, que a extinção da CEXIM e a criação da CACEX era uma indicação de que o governo queria frear a corrupção. Ver Pedro Lago, "A SUMOC como embrião do Banco Central..."; Albert Fishlow, "Foreign Trade Regimes and Economic Development: Brazil", Special Conference Series on Foreign Trade Regimes and Economic Development; Carlos Manoel Peláez, *História da industrialização brasileira: crítica à teoria estruturalista no Brasil.*

29. Segundo Sochaczewski, citado em Pedro Lago, "A SUMOC como embrião do Banco Central...", op. cit., p.126, os dados são os seguintes:

US Dollars (em milhões)

	Entrada	Saída		Entrada	Saída
1952	129	33	1957	497	242
1953	104	46	1958	501	324
1954	160	134	1959	597	377
1955	163	140	1960	485	451
1956	370	187	1961	676	353

30. Carlos Lessa, "Quinze anos...", op. cit., p.15.

31. Malan et al., *Política econômica externa...*, op. cit., p.293-4.

32. Pedro Malan, Regis Bonelli et al., "Crescimento econômico, industrialização e balanço de pagamentos: o Brasil dos anos 70 aos anos 80".

33. Kenneth Erickson, *The Brazilian Corporate State and Working Class Politics.*

34. Lúcia Lippi de Oliveira, "Partidos políticos brasileiros: o Partido Social Democrático", Dissertação de Mestrado, p.59. Mesmo incompletos, como a própria autora assinala, os dados indicam um modelo altamente sugestivo de distribuição de ministérios por partidos. (Ver Tabela 2 no capítulo 4.)

35. W.G. dos Santos, "Centralização burocrática e renovação das elites", p.140.

36. Ibid., p.142-3.

37. Rogério Feital Pinto, "The Political Ecology of the Brazilian National Bank for Development (BNDE)"; Celso Lafer, "The Planning Process and the Political System in Brazil: A Study of Kubitschek's Target Plan, 1956-1961".

38. "Se se examinar o governo Kubitschek, que é o ponto alto do processo de substituição de importações e, por esta razão, pode ser visto como paradigmático das potencialidades da República Populista, chega-se à conclusão de que o Programa de Metas pôde ser implementado, do ponto de vista administrativo, graças ao uso que o governo fez de órgãos como o BNDE, o Banco do Brasil, a SUMOC – onde a diluição do sistema de mérito não tinha ocorrido – ou então de novos órgãos, como por exemplo os Grupos Executivos, para os quais se drenou, através da requisição, a competência disponível no serviço público. Estes órgãos, que em conjunto se transformaram numa 'administração paralela', tiveram sucesso, conforme tentei demonstrar com algum rigor analítico em outras oportunidades, dada a sua situação estratégica na manipulação dos incentivos e instrumentos instituídos ou empregados pelo Programa de Metas, que ampliou a racionalidade das experiências anteriores do Estado no controle da economia." Cf. Celso Lafer, *O sistema político brasileiro*, p.67.

39. Ver Carlos Lessa, "Quinze anos...", passim, para o papel da inflação como recurso econômico. Ver também Albert Hirschman, *Journeys Toward Progress*, para um argumento mais geral sobre o papel da inflação no plano de desenvolvimento.

40. Celso Lafer, "The Planning...", op. cit., p.117.

41. Paulo Roberto Motta, "O grupo executivo como instrumento administrativo de implementação econômica".

42. *Resenha do Governo do Presidente Juscelino Kubitschek...*, tomo II, p.19.

43. Bergsman, p.82.

44. Maria Vitória Benevides, *O governo Kubitschek*, p.229.

45. As fontes usadas para as atividades do Geicom são do arquivo do "Sindicato da Indústria Naval" e do "Serviço de Documentação, Comissão da Marinha Mercante". Ver "Análises e perspectivas da indústria naval" e "Grupo executivo da indústria da construção naval, um plano em marcha"; e "Síntese cronológica do Governo Kubitschek", Serviço de Documentação da Presidência da República.

46. Carlos Veríssimo Amaral, "As controvertidas nomeações para a Previdência Social em 1963: um estudo de caso", in Carlos V. Amaral e Kleber Nascimento, "Política de administração pessoal: estudos de dois casos", *Cadernos de Administração Pública*; Lawrence Graham, "Civil Service Reform in Brazil: Principles versus Practice", *Latin American Monographs*, p.284.

A despeito das tentativas, durante anos, de reforma do serviço público e da retórica moralizadora de muitos governantes, somente 12% dos empregados de todo o serviço público tinham sido admitidos sob as bases do mérito no final da década de 50. Segundo o Censo dos Servidores Públicos de 1966, somente 12,93% dos servidores tinham sido admitidos, até 1966, sob as bases do mérito. Cf. Alexandre Barros, "O Estado cartorial...", Tese de Mestrado; Celso Lafer, *O sistema político brasileiro*, p.39; Gilbert Siegel, "The Vicissitudes of Governmental Reform in Brazil: A Study of the DASP", Tese de Doutorado; Lawrence Graham, "Civil Service Reform in Brazil...", *Latin American Monographs*.

CONCLUSÃO

O Sistema em Questão: Continuidade, Mudança e Perspectivas

A agenda de problemas a serem enfrentados pelos países de industrialização tardia é, em muitos pontos, conhecida por eles através do exemplo dos países mais desenvolvidos. Entretanto, os caminhos que levam ao cumprimento da agenda são tortuosos e precariamente mapeados: são largamente desconhecidos e dependem da capacidade de produzir, ao mesmo tempo, coalizões políticas congruentes com os objetivos desenvolvimentistas, criar mecanismos para a incorporação da população à comunidade política e construir instituições adequadas.

Por oposição aos países que se industrializaram mais cedo, as instituições formais dos recém-chegados estão sob pressão permanente, num mundo em que as conquistas dos países mais avançados tendem a ser percebidas como o exemplo a ser seguido: "Uma vez iniciada a industrialização, outras economias tornaram-se atrasadas. Uma vez proclamada a idéia de igualdade perante um público cada vez mais amplo, a desigualdade transformou-se numa carga pesada demais".[1]

Sob tais circunstâncias, as instituições são forçadas a participar da esfera produtiva e, ao mesmo tempo, expandir seu papel regulador na economia e nas relações sindicais, e a definir direitos à participação política, supervisionar e criar organismo de bem-estar social, saúde, educação e outras funções similares.

No contexto brasileiro, a percepção desses desafios tem estado presente nos últimos 50 anos. Nas palavras do Capitão Frederico Cristiano Buys, um dos participantes da Revolução de 30, a construção de uma nova ordem no Brasil iria requerer a canibalização de governantes e instituições anteriores: "Vamos comê-los. Devemos ser rudes como verdadeiros canibais."[2] Como vimos nos capítulos anteriores, a canibalização da ordem tradicional não foi completa, ela jamais foi totalmente digerida. As novas instituições misturaram-se com as antigas, ao invés de substituí-las.

A despeito da progressiva institucionalização das quatro gramáticas aqui analisadas, e ao mesmo tempo que muitos cientistas sociais argumentavam que padrões diferentes de relações sociais são elaboradamente entrelaçados, políticos, tecnocratas e elites reformistas têm operado freqüentemente com um modelo dicotômico, quando tentam modernizar o país. A mentalidade dualista dos reformadores desempenhou um importante papel no estímulo à evolução das gramáticas.

Os criadores das burocracias insuladas, igualmente escravizados pela percepção da dualidade, trabalharam para criar no Brasil uma sociedade moderna que pudesse fugir precisamente dos constrangimentos criados pela ordem tradicional. O Brasil moderno teria de ser um país industrial. Mas teria também de ser um país onde reinasse a justiça pública, conforme o sonho dos tenentes de 30, da UDN por um curto período e dos militares e tecnocratas desenvolvimentistas da década de 50.

As elites modernizantes freqüentemente encaravam o Congresso, os políticos e os partidos como obstáculos ao progresso. Esta perseguição foi forte na década de 30, no início dos anos 50 e novamente após o golpe militar de 1964. O objetivo de superar a fragmentação da política tradicional justificou a criação de instituições corporativas nos anos 30. As tentativas de escapar à natureza clientelista do Congresso e dos partidos políticos levou à institucionalização das burocracias insuladas na década de 50. O objetivo de escapar à natureza esquerdista, populista, clientelista e corrupta dos partidos políticos conduziu ao aprofundamento do insulamento burocrático e ao banimento e à cassação de direitos civis dos políticos profissionais depois de 1964.

Se é impossível dizer que o clientelismo foi desalojado, é igualmente impossível afirmar que ele constitui a gramática dominante a ligar o Estado à sociedade no Brasil contemporâneo. O quadro é mais complexo, as quatro gramáticas possuem uma lógica contextual.

Interação entre as Gramáticas

As separações que entrecruzam a formação social brasileira são verticais e horizontais. A integração é conseguida através de uma combinação sincrética de traços aparentemente contraditórios, pertencentes às gramáticas do clientelismo, do insulamento burocrático, do corporativismo e do universalismo de procedimentos. Estes elementos permeiam a sociedade de alto a baixo, e estão simultaneamente presentes nas instituições formais.

Representam gramáticas possíveis que podem ser colocadas em uso até pelo mesmo ator em diferentes contextos.

Os políticos, por exemplo, usam tanto a linguagem do clientelismo quanto a do universalismo, mas jamais endossam, mesmo retoricamente, a lógica do insulamento burocrático. Tecnocratas e militares empregam igualmente a linguagem do universalismo e a da "competência técnica", mas nunca a do clientelismo. Grupos de interesse das classes médias tendem a utilizar apenas a linguagem do universalismo, rejeitando tanto o clientelismo como o insulamento burocrático, por considerá-los não-democráticos.

Não obstante, dependendo do contexto todos os atores podem utilizar estratégias que contradizem sua retórica pública. Políticos podem manter-se fiéis à lógica do clientelismo e podem estabelecer coalizões com a burocracia insulada, com o objetivo de obter lucros para si próprios ou para seus eleitores. Tecnocratas e militares podem utilizar o clientelismo e as redes pessoais, quando se trata de ampliar seus poderes e de criar mais espaços para seus acólitos. Grupos de pressão das classes médias farão uso da autoridade pessoal, da hierarquia, do "jeitinho" e do clientelismo para atingir seus objetivos. Isto é possível apenas porque as quatro gramáticas estão sempre disponíveis, possuem expressão institucional em todas as instâncias e são bastante conhecidas pelos atores sociais que podem transitar de uma gramática para outra, dependendo do contexto.

O novo sindicalismo, por exemplo, tal como se desenvolveu em São Paulo, tentou expandir sua força e seus ganhos políticos dissociando suas demandas das estruturas corporativas do Estado e buscando espaços mais sólidos para negociar diretamente com o capital. Fazendo isto, o novo sindicalismo tentou fugir à "cidadania regulada" das leis trabalhistas e redefinir esta cidadania no âmbito da lógica universalista do mercado.

Entretanto, este novo sindicalismo é apenas uma fração do sindicalismo no Brasil (ainda que a mais significativa), e muitos sindicatos ainda buscam proteção sob o guarda-chuva conservador das disposições corporativas, o que contradiz a tendência universalista do movimento. Na tentativa de escapar ao corporativismo, o sindicalismo moderno, num desenvolvimento paralelo, também tentou criar um partido político, o Partido dos Trabalhadores (PT), que tinha como objetivo construir uma oposição verdadeira e sem compromissos com a cidadania regulada estatal em todos os níveis. Mas, à medida em que o partido passava a existir, um novo conjunto de obstáculos emergiu: o sistema partidário absolutamente não opera na base do universalismo de procedimentos. Este fato compeliu o PT a assumir certos compromissos para poder sobreviver e competir por escasso sucesso eleitoral.

Apesar de estarem aparentemente abertas à negociação fora da esfera do corporativismo, muitas empresas enfrentaram a oposição de outras, de políticos e de governo. Os políticos argumentavam que sem as normas corporativas que garantiam os direitos básicos dos trabalhadores, muitas empresas iriam dominar e superexplorar os trabalhadores mais fracos e tradicionais. Em linha com este argumento, já se disse que os trabalhadores, assim como outros habitantes das periferias pobres de São Paulo, realmente acreditam que esses direitos lhes foram dados por Getúlio Vargas antes de seu suicídio, em 1954. Uma outra versão mítica da gênese dos direitos civis dos trabalhadores diz que Getúlio "deixou" todos esses direitos na gaveta de sua mesa de trabalho, e estes direitos foram encontrados e publicados após sua morte.[3]

Atualmente o corporativismo emprega comandos universais e organiza horizontalmente várias instâncias de unidades sociais; o clientelismo permeia muitas instituições, fornece uma gramática compreensível para o sistema de relações sociais e políticas, atravessa distinções de classe e organiza verticalmente a sociedade.

O universalismo de procedimentos confere uma aura de modernidade e de legalidade pública ao sistema político e às instituições formais; representa a retórica dos intelectuais e jornalistas; e ainda confere legitimidade a vários movimentos sociais de classe média.

O insulamento burocrático é uma forma de evitar o controle e o escrutínio públicos sobre as atividades do Estado; uma forma de perseguir a eficiência econômica, o desenvolvimento e a privatização seletiva das benesses que provêm do controle de parcelas substanciais do aparelho produtivo do Estado.

Agora já é possível retornar à ilustração de como atores sociais relacionam-se com as várias gramáticas. O estudo de Teresa Caldeira sobre a periferia industrial de São Paulo mostra que, apesar de entender o corporativismo como crucial para a definição de seus direitos civis, os trabalhadores valorizam os políticos clientelistas principalmente porque estes encaram os trabalhadores como "povo real".[4] Assim, dão seus votos a estes políticos. Dentre os partidos de oposição, preferem votar num candidato com quem tenham laços pessoais e que lhes tenha feito um favor no passado. São situações nas quais a gramática clientelista é utilizada para manter os dispositivos corporativistas, isto é, os direitos de cidadania, os direitos de serem percebidos como "população real".

Quando um conflito cai num espaço regulado por regras corporativas, mas os atores diretamente envolvidos desejam resolver à base de livre negociação no mercado — como durante as greves salariais em São Paulo, no final dos anos 70, quando o trabalho e o capital iniciaram um processo direto de negociação salarial — o Estado pode intervir para regular o assunto e garantir a validade das instituições corporativas. Neste caso específico, utilizando dispositivos trabalhistas perfeitamente legais, o governo declarou a ilegalidade da greve liderada pelo novo sindicalismo e afastou seus principais líderes da direção do sindicato, a fim de enfraquecer o movimento. Em situações como estas, até mesmo empresários que pretendam guiar-se pelas leis do mercado podem apoiar o controle estatal sobre a força de trabalho.

A tentativa do novo sindicalismo de criar um partido político independente e inovador e que fosse largamente baseado no universalismo de procedimentos e na busca de uma "cidadania desregulada" abandonou este procedimento, porque o corporativismo é ainda considerado crucial por muitos trabalhadores e por causa da necessidade de se adaptar à natureza personalista e clientelista do sistema político."Em resumo, o anti-estatismo e a desconfiança no sistema político, a busca de autonomia, de afirmação de classe e de uma democracia participativa contribuíram para a estratégia política que, não obstante, entrou freqüentemente em conflito com estes mesmos objetivos."[5]

Os acordos nucleares assinados entre o Brasil e a Alemanha, na época Ocidental, e eventos relacionados com políticas de ciência e tecnologia apontam para um conjunto diferente de interseções. Nestes casos, políticas iniciadas no domínio do insulamento burocrático foram contestadas por grupos que lutavam pelo universalismo; as tensões aumentaram e as soluções dependeram da força relativa dos lados envolvidos.

O acordo nuclear pretendia dar ao Brasil controle sobre o ciclo nuclear completo. A comunidade científica protestou contra o segredo no qual foi decidido o acordo e contra a falta de consulta a especialistas ou ao Congresso. O Executivo e o Ministério das Relações Exteriores contra-argumentaram que o sigilo era crucial para evitar a intervenção americana no processo. Os cientistas, por seu lado, revidaram, afirmando que o sigilo levou ao investimento de bilhões de dólares numa tecnologia que não estava totalmente controlada pelos alemães. Cidadãos e políticos preocupados declararam ainda que um programa daquela magnitude e de amplas implicações não podia ter sido decidido em segredo. O insulamento burocrático prevaleceu, o programa foi deslanchado e fracassou por muitas das razões citadas acima.

Numa reivindicação separada, os cientistas protestaram também contra a interferência do SNI no processo de concessão de bolsas de estudo por agências como o Conselho Nacional de Desenvolvimento Científico e

Tecnológico (CNPq). O argumento dos cientistas era o de que bolsas de estudo e de pesquisa deveriam ser concedidas pelas agências federais apenas com base em universalismo de procedimentos, e isto só poderia ser conseguido através de uma avaliação criteriosa das solicitações. O sistema então vigente era híbrido: a avaliação era feita, mas o SNI investigava o nome dos bolsistas, baseados em "razões de segurança nacional". O resultado foi que cientistas obtinham bolsas de estudos ou de pesquisa nas várias agências federais, apenas para vê-las negadas pelos serviços de informação, sob alegação de atividades suspeitas ou subversivas.

Ambos os casos refletem as tensões entre o universalismo de procedimentos e o insulamento burocrático. Nos dois casos muitas associações de profissionais e a Sociedade Brasileira para o Progresso da Ciência (SBPC) protestaram em encontros públicos e através da imprensa. No caso do programa nuclear, o Executivo manteve o acordo porque ele era crucial por razões de segurança e também porque um acordo com a Alemanha representava um meio de contornar as pressões americanas a favor de um controle maior sobre materiais nucleares e sobre as restrições à transferência de tecnologia.

No caso da interferência do SNI no processo de pedidos de bolsas, a comunidade científica saiu vitoriosa, e "razões de segurança nacional" não influenciam mais a concessão de ajuda financeira a pessoas ou instituições. Hoje, o critério do mérito é o que prevalece. Isto *quase* deve ser enfatizado: o universalismo de procedimentos dos cientistas não elimina considerações administrativas clientelistas na concessão de bolsas. As decisões clientelistas não são tomadas pelos cientistas que trabalham como consultores e participam dos comitês de avaliação, mas pelos administradores das organizações, em razão de seus laços com o mundo político ou com interesses regionais. Nestes casos, a administração concede bolsas em resposta à solicitações especiais de ministros ou de agentes poderosos. O universalismo de procedimentos defendido pela comunidade científica venceu a interferência do SNI, mas não foi suficientemente poderosa para acabar com o clientelismo, que é igualmente considerado indesejável.

Um exemplo final das complicações envolvidas na interação das gramáticas é fornecido pelos seguintes acontecimentos: a lei de reserva de mercado para a indústria de informática, votada pelo Congresso em outubro de 1984. O projeto foi enviado pelo Executivo em regime de urgência, o que significa que, de acordo com a herança legal do autoritarismo, o Congresso só dispunha de 90 dias para apreciar e votar a matéria. O projeto possuía uma clara inspiração militar, reservando às Forças Armadas o controle sobre a indústria de informática; além disso, beneficiava diretamente aquelas indústrias nacionais já instaladas e conferia ao governo o poder de definir quem poderia participar da produção de computadores e componentes. Assim procedendo, este projeto solicitava aprovação do Congresso para o insulamento burocrático.

O Legislativo alterou alguns termos básicos do projeto ao retirar das Forças Armadas o controle direto sobre a indústria e ao criar um novo organismo corporativo, o Conselho Nacional de Informática e Automação (CONIN), ligado diretamente à Presidência da República. "O Conselho com 18 membros, incluirá oito membros não pertencentes do governo, representantes dos empresários inclusive, e seus planos trienais deverão ser aprovados pelo Congresso."[6]

O projeto-de-lei obteve enorme apoio do Congresso, dado seu caráter nacionalista, e reconciliou os interesses dos militares com os dos setores de esquerda. Um antigo membro da SUMOC, o atual deputado Roberto Campos, foi a única voz a discordar da lei, baseado no universalismo de procedimentos das leis do mercado.

O quadro seguinte retrata tipos possíveis de combinações das quatro gramáticas no contexto das relações Estado-sociedade. Agências de Estado e políticas podem ser reguladas por quatro diferentes conjuntos de regras (normas) legalmente impostas ou institucionalizadas. O comportamento dos atores sociais pode também ser organizado segundo quatro diferentes e significativas gramáticas. A intersecção diagonal do quadro marca os pontos de congruência e compatibilidade. Todas as outras possíveis combinações expressam simultaneamente tensões e requerem complementariedades, podendo dar origem a acomodação, sincretismo ou conflito. É necessário ter em mente que as quatro gramáticas operam simultaneamente. Alguns grupos ou agências podem ser mais claramente *aprisionados* em um dos possíveis conjuntos de normas ou em uma gramática. Alguns outros podem ser capazes de mudar de um para outro conjunto de acordo com as circunstâncias. De qualquer modo, todos os quatro conjuntos de normas ou de gramáticas têm sido traduzidos em instituições formais e/ou em códigos legais que garantem sua coexistência no Brasil.

Uma Visão da Abertura Política

Os dados apresentados neste livro contribuem para o argumento de que no interior do atual modelo de desenvolvimento capitalista e do atual regime político mais ou menos liberal vigente no Brasil, as quatro gramáticas para

QUADRO 8

Brasil: Compatibilidade das Relações entre Gramáticas na Interação Estado *vs.* Sociedade

	Agências de Estado e Regulações			
	Clientelismo e Personalismo	Universalismo de Procedimentos	Corporativismo	Insulamento Burocrático
ATORES SOCIAIS				
Clientelismo e Personalismo	+			
Universalismo de Procedimentos		+		
Corporativismo			+	
Insulamento Burocrático				+

o comportamento social e institucional desempenham um importante papel, embora em arenas distintas de políticas públicas.

É curioso que os períodos politicamente mais tensos do Brasil contemporâneo tenham sido aqueles em que o equilíbrio entre as gramáticas esteve comprometido por governos que enfatizaram uma ou duas gramáticas particulares. Como vimos no capítulo 3, durante a ditadura de Getúlio Vargas prevaleceram o corporativismo e o insulamento burocrático. O capítulo 4 mostrou que durante o governo João Goulart o clientelismo desempenhou um papel crucial. Ao longo da ditadura militar no início dos anos 70 predominou o insulamento burocrático.

Em todos esses períodos uma ou duas gramáticas foram reforçadas, enquanto as outras foram seriamente negligenciadas. Não é menos curioso que o período de melhor desempenho em termos de liberdades democráticas, estabilidade e desenvolvimento econômico — o governo Kubitschek — tenha sido um período no qual o clientelismo, o insulamento burocrático, o corporativismo e o universalismo de procedimentos foram combinados com grande sucesso como nos mostrou o capítulo 5.

A ênfase excessiva em uma ou duas gramáticas específicas em detrimento de outras teve o efeito de criar obstáculos nas comunicações entre o Estado e a sociedade, ao quebrar alguns dos laços que ligavam certos grupos de interesse ao Estado. A rejeição de Goulart ao insulamento burocrático, e aos anéis burocráticos que o acompanham, alienou uma considerável parcela dos tecnocratas do Estado e importantes setores do empresariado em relação ao processo de formulação de políticas. Estes representaram, juntamente com os militares, precisamente os setores que apoiaram o golpe militar desde o início e ajudaram a planejar a "reconquista do Estado", 1964.[7] Nos 20 anos anteriores a 1964 foram criadas 16 agências para a representação corporativa dos interesses empresariais junto ao Estado, enquanto nos cinco primeiros anos do regime militar 24 novos conselhos e agências corporativas foram criados, estreitando os laços entre o Estado e o empresariado.[8]

Ao lado da ênfase no corporativismo societal, o regime militar desencadeou um crescimento sem precedentes do insulamento burocrático. Sem contar universidade e agências ligadas ao Ministério do Trabalho, foram criadas 124 agências ou empresas autônomas entre 1964 e 1977, em contraste com as quase 99 agências autônomas criadas entre 1930 e 1964.[9]

A autonomia aumentou depois de 1964 por causa da reforma administrativa e também tendo em vista que o governo militar não estava constrangido pelo controle público. O insulamento burocrático pós-64 foi combinado com o corporativismo societal, para efeito dos vínculos com o empresariado, e com o corporativismo estatal, para efeito da repressão ao movimento sindical.

O universalismo de procedimentos foi desestimulado no âmbito do macrossistema, mas mantido para o recrutamento de pessoal para muitas agências (mantido, entretanto, o requisito do "certificado ideológico" em muitos casos). O clientelismo foi desprezado na esfera nacional, mas permaneceu forte em algumas agências no âmbito dos estados. Ao intensificar o insulamento burocrático, o corporativismo social e a face repressiva do corporativismo estatal, o regime militar pós-64 rompeu seus vínculos com muitos atores sociais. A ordem dos advogados do Brasil (OAB), em defesa do universalismo de procedimentos e do controle público, tornou-se um formidável inimigo do governo militar, assim como fez a comunidade científica.

Já as classes mais baixas perceberam que o regime era mau, negava os direitos civis, isto é, negava o lado não-repressivo do corporativismo de Estado.[10] A busca pelo regime de uma racionalização da *res publica* conduziu a choques com a classe política e à incapacidade do regime de se legitimar através do voto popular. A falta de controle público que acompanhou a intensificação do insulamento burocrático gerou a impunidade e a corrupção em larga escala. Tudo isto, aliado à incapacidade de lidar com a recessão econômica e de se preocupar com a sorte das camadas médias e baixas, contribuiu fortemente para a desmoralização do regime pós-64.

Nessa perspectiva, o retorno parcial da combinação das quatro gramáticas na atual experiência de transição democrática desde 1984 é especialmente intrigante. Embora este livro faça referências a acontecimentos mais recentes, sua pesquisa básica cobre o período entre 1930 e o fim do governo Kubitschek, em 1960. Entretanto, estou convencido de que o modelo aqui proposto pode ser aplicado ao período mais recente do autoritarismo militar. Pode contribuir também para a compreensão das complicações envolvidas na transição para a democracia que ocorreu na primeira metade da década de 80, fornecendo uma base para a comparação histórica entre 1945 e 1984.

Tendo em vista que muitas regras e agências criadas no passado permanecem vigorando, incluindo as criadas pelo regime pós-64 — sendo as várias agências estatais autônomas com seu potencial para o insulamento burocrático as mais dignas de registro —, a transição política levantou muitas questões, algumas delas similares às levantadas pelas mudanças de regime ocorridas em 1930, 1937 e 1945, outras sendo mais comparáveis a 1945, porque se trata da única outra transição para a democracia.

Tal como em 1930, o Brasil de 1984 teve de enfrentar severos obstáculos internacionais. Tal como em 1945, o Brasil da década de 80 teve que enfrentar o desafio de criar um sistema partidário forte e representativo e um Congresso forte. Tal como em 1964, o Brasil teve de enfrentar uma profunda crise econômica e uma insatisfação popular. Num certo sentido, a transição dos anos 80, contém, em si própria — magnificada pela escala do país —, um pouco de todas as crises e transições passadas.

Do ponto de vista do modelo interpretativo proposto neste livro, várias questões poderiam ser respondidas em futuros trabalhos. As centrais se referem a como as gramáticas serão utilizadas em futuros governos. Os grandes malabaristas do passado, Getúlio e Juscelino, mantiveram o sistema em certo equilíbrio. Entretanto, nos dias de hoje, ele adquiriu novas e variadas formas: embora enfraquecido pelos vários casos de corrupção, o potencial para o insulamento burocrático continua forte como sempre; como nunca anteriormente, há uma parte substantiva e visível do movimento sindical buscando alternativas fora do domínio do corporativismo; e um potencial "*constituency for universalism*" pode estar baseado nos vários movimentos sociais, tanto quanto nas associações profissionais e científicas.

Tal como vimos no capítulo 3, transições são cruciais para definir as características dos partidos políticos. Os tipos de partidos que emergiram com a transição, e sua interação com as quatro gramáticas, vêm sendo cruciais para determinar a taxa de clientelismo e de universalismo de procedimentos existentes. A forma pela qual os partidos utilizam a mobilização de apoio, interna ou externa, determina largamente as escolhas disponíveis. Em 1945 a transição terminou sendo fortemente controlada pelos "de dentro": quanto disto acontecerá, ou já está acontecendo?

Agora chegou a hora de as elites reformistas preocupadas com a governabilidade e a lisura reconhecerem que quatro importantes gramáticas — laços para as relações entre Estado e sociedade — estão elaboradamente interligadas no Brasil e que uma abordagem dualista tradicional não será suficiente e não responderá a todas as questões importantes. Espero que o modelo esboçado neste livro seja útil para a exploração destas questões.

NOTAS

1. Reinhard Bendix, *Nation-Building and Citizenship*, p.115.

2. Citado em Helena M.B. Bomeny, "A estratégia de conciliação: Minas Gerais e a abertura política dos anos 30", in Angela M.C. Gomes (org.), *Regionalismo e centralização política: partidos e Constituinte nos anos 30*, p.145.

3. Lygia Sigaud, citada em Teresa Caldeira, *A política dos outros: o cotidiano dos moradores da periferia e o que pensam dos outros e dos poderosos*, p.226.

4. Tereza Caldeira, op. cit.

5. Maria Hermínia Tavares de Almeida e Bernardo Sorj, *Sociedade e política no Brasil pós-64*.

6. *New York Times*. 10.08.1984.

7. René Armand Dreifuss, *A conquista do Estado: ação, poder, política e golpe de classe*.

8. César Guimarães et al., "Expansão do Estado e intermediação de interesses no Brasil", Relatório de Pesquisa, p.112 e seg.

9. Edson O. Nunes e Barbara Geddes, "Dilemas of State-Led Modernization", *Berkeley-Stanford Joint Center for Latin American Studies*; *Cadastro das empresas estatais-1982*, Presidência da República.

10. Teresa Caldeira, *A política dos outros...*

ANEXO*

1930

- Lei nº 19398 que institui o governo provisório dos Estados Unidos do Brasil, em 11 de novembro de 1930, permite ao executivo legislar.
- Monopólio do Câmbio de Moedas Estrangeiras pelo Banco do Brasil.
- Criação do Ministério do Trabalho, Indústria e Comércio.
- Criação do Ministério da Educação e Saúde.
- Criação do Departamento de Propaganda: Reformado em 1934 e 1939 (Decreto-lei de 1915), quando foi transformado no Departamento de Imprensa e Propaganda (DIP).

1931

- Conselho Nacional do Café.
- Comissão de Estudo da Economia e Finanças dos Estados e Municípios.
- Comissão para Centralização de Compras: criada para centralizar e racionalizar a compra de materiais e suprimentos pelas agências estatais.
- Comissão Legislativa: criada para o estudo e proposição de modificações nos códigos legais.
- Departamento Nacional de Estatística, transformado no Instituto Brasileiro de Geografia e Estatística em 1936 (Decreto-lei nº 1200).
- Código dos Interventores (Decreto-lei nº 20348).

---

*As fontes que originaram esta lista são variadas e incluem os relatórios do DASP para vários anos, o *Diário Oficial* e diversas obras citadas na bibliografia.

1932

- Caixa de Mobilização Bancária (CAMOB).
- Instituto de Proteção ao Cacau.

1933

- Departamento de Produção Mineral.
- Departamento de Caça e Pesca.
- Instituto de Aposentadoria e Pensão dos Marítimos.
- Instituto do Açúcar e do Álcool.
- Lei do Reajuste Econômico (Decreto-lei nº 25533), que reduziu em 50% os débitos dos agricultores com os bancos e emitiu bônus federais como garantia de pagamento aos devedores inadimplentes.

1934

- Instituto de Aposentadoria e Pensão dos Bancários.
- Comissão dos Similares.
- Códigos de Minas.
- Conselho Federal de Comércio Exterior.
- Conselho Técnico de Economia e Finanças.

1935

- Lei de Segurança Nacional (de 38 de abril de 1935).
- Instituto de Aposentadoria e Pensão dos Comerciários.
- Carteira de Redescontos do Banco do Brasil: para revisar as operações de teto da carteira de crédito, e facilitar o acesso ao redesconto para a indústria e o comércio.

1936

- Comissão de Eficiência.
- Conselho Federal de Serviços Públicos.
- Lei de Reajuste (Serviço Civil). Estabelecimento de exames públicos e testes de competência para emprego no serviço público (Lei nº 284); a Lei nº 183 de 1936, havia previamente estabelecido parâmetros para classificação e promoção no serviço público.
- Instituto Brasileiro de Geografia e Estatística (IBGE).

1937

- Carteira de Crédito Industrial e Agrícola, Banco do Brasil (CREAI), Lei nº 454.
- Conselho Técnico de Economia e Finanças.
- Lei abolindo todos os partidos políticos, Decreto-lei nº 37, Decreto nº 2, 1937.

1938

- Conselho Nacional de Colonização e Imigração.
- Conselho Nacional do Petróleo.
- DASP.
- Instituto de Aposentadoria e Pensionistas do Setor Público (IPASE).
- Instituto dos Aposentados e Pensionistas do Transporte de Carga (IAPTEC).
- Reforma da Imprensa Nacional.
- Reorganização do Instituto Nacional de Tecnologia.

1939

- Comissão para a Defesa da Economia Nacional (esforço de guerra).
- Comissão Nacional do "Gasogênio".
- Conselho Nacional de Águas e Energia Elétrica.
- Instituto Brasileiro de Resseguro.
- Plano para os Funcionários Públicos e Defesa Nacional.
- Departamento de Imprensa e Propaganda (Decreto-lei nº 1915).

1940

- Instituto para a Defesa do Sal.
- Comissão de Siderurgia.
- Departamento Nacional de Obras Públicas e Saneamento (DNOS).

1941

- Carteira de Importação e Exportação do Banco do Brasil (CEXIM).
- Companhia Siderúrgica Nacional.
- Comissão de Combustível e Óleos Lubrificantes.

- Comissão da Marinha Mercante.
- Companhia das Docas da Bahia.
- Departamento Nacional Ferroviário e Conselho Nacional Ferroviário.
- Instituto de Defesa dos Pinheiros.
- Criação do Ministério da Aeronáutica.

1942

- Banco da Amazônia.
- Banco de Crédito da Borracha.
- Companhia Vale do Rio Doce.
- Comissão Executiva para a Indústria Fruticultora.
- Comissão Executiva para a Indústria da Mandioca.
- Comissão Executiva da Pesca.
- Coordenação da Mobilização Econômica (substituída pela Comissão de Defesa da Economia Nacional).
- Fundação de Saúde Pública.
- Legião Brasileira de Assistência (LBA).

1943

- Companhia de Aço e Ferro Vitória.
- Companhia Nacional de Álcalis.
- Conselho Nacional de Política Industrial e Comercial.
- Fábrica Nacional de Motores.
- Comissão de Financiamento da Produção.
- Fundação Cristo Redentor.
- Serviço de Navegação da Bacia do Prata.
- Consolidação das Leis Trabalhistas, CLT (Código do Trabalhador).

1944

- Companhia Itabira de Produtores de Aço.
- Comissão de Planejamento Econômico.
- Conselho Nacional de Política Industrial.
- Plano Nacional de Estradas e Rodovias.

1945

- Companhia Hidroelétrica de São Francisco.
- Superintendência de Moeda e Crédito (SUMOC).

Bibliografia

Abranches, Sérgio. "State Enterprises and Economic Policy in Brazil". Trabalho apresentado no Painel sobre "The State Enterprise in Latin America as Instrument of Economic Development". Décimo Encontro da LASA, Washington, 1982.

Abreu, Marcelo de Paiva. "A missão Niemeyer", *Revista de Administração de Empresas*, 14, n.4, 1974.

Aguiar, Neuma. *Hierarquia em classes*, Rio de Janeiro, Zahar, 1974.

————, org., *The Structure of Brazilian Development*, New Brunswick, Transaction Books, 1979.

Albuquerque, J.A Guilhon. "Para não dizer que não falei de flores", *Novos Estudos Cebrap* 1, n.4, 1982.

Almeida, José. *A implantação da indústria automobilística no Brasil*, Rio de Janeiro, Fundação Getúlio Vargas, 1972.

Amaral, Carlos Veríssimo. "As controvertidas nomeações para a Previdência Social em 1963: estudo de caso", in Carlos Amaral & Kleber Nascimento, "Política e administração de pessoal: estudos de dois casos". *Cadernos de Administração Pública*, n.60, Rio de Janeiro, Fundação Getúlio Vargas, 1966.

Ames, Barry. "What a Difference Does a Congress Make: The Structure of Politics and the Distribution of Public Expeditures in Brazil's Competitive Period", Washington University, St. Louis, mimeo, 1984.

Araújo, Rosa Maria Barboza. "Cartórios na cena política do Brasil", *Dados* 25, n.1, 1982.

Arinos, Afonso. *História e teoria dos partidos políticos no Brasil*, São Paulo, Alfa-Omega, 1974.

Baer, Werner. *The Brazilian Economy: Growth and Development*, Second Edition, Nova York, Praeger, 1983.

Baklanoff, Eric. "Development and International Economy", in John Saunders, org., *Modern Brazil*, Gainsville, University of Florida Press, 1971.

Barros, Alexandre. "O Estado Cartorial: An Attempt to Investigate the Political Role of Brazilian Bureaucracy", Tese de Mestrado, Departamento de Ciência Política, University of Chicago, 1969.

Barros, Alexandre. "The Brazilian Military: Professional Socialization, Political Performance, and State Building", Tese de Doutorado, Departamento de Ciência Política, University of Chicago, 1978.

Bendix, Reinhard. *Nation-Building and Citizenship*, Berkeley, University of California Press, 1977.

————. *Max Weber: An Intellectual Portrait*, Berkeley, University of California Press, 1977.

————. *Force, Fate and Freedom*, Berkeley, University of California Press, 1984.

Benevides, Maria Vitória Mesquita. *A UDN e o udenismo*. Rio de Janeiro, Paz e Terra, 1981.

————. *O governo Kubitschek*, Rio de Janeiro, Paz e Terra, 1976.

Berger, Suzane & Michael Piore. *Dualism and Discontinuity in Industrial Societies*, Cambridge, Cambridge University Press, 1980.

Blakanoff, Eric. "Development and International Economy", in John Saunders, org., *Modern Brazil*, Gainsville, University of Florida Press, 1971.

Bomeny, Helena Maria Bousquet. "A estratégia de conciliação: Minas Gerais e a abertura política dos anos 30", in Angela de Castro Gomes, org., *Regionalismo e centralização política: partidos e constituintes nos anos 30*, Rio de Janeiro, Nova Fronteira, 1980.

Bottomore, Tom. *Political Sociology*, Nova York, Harper & Row Publishers, 1979.

Bourdieu, Pierre. "Condição de classe e posição de classe", in Neuma Aguiar, org., *Hierarquias em classes*, Rio de Janeiro, Zahar, 1974.

Bresser Pereira, L.C. *Desenvolvimento e crise no Brasil*, Rio de Janeiro, Zahar, 1968.

Caciagle, M. & F. Belloni, "The New Clientelism in Southern Italy: The Christian Democratic Party in Catania", in S. N. Eisenstadt & R. Lemarchand, orgs., *Political Clientelism, Patronage and Development*, Beverly Hills: Sage Publications, 1981.

Caldeira, Teresa. *A política dos outros: o cotidiano dos moradores da periferia e o que pensam dos outros e dos poderosos*, São Paulo, Brasiliense, 1984.

Camargo, Aspásia Alcântara. "Authoritarianism and Populism: Bipolarity in the Brazilian Political System", in Neuma Aguiar, org., *The Structure of Brazilian Development*, New Brunswick: Transaction Books, 1979.

Campos, Roberto. *Economia, planejamento e nacionalismo*, Rio de Janeiro, APEC, 1963.

————. *Ensaios de história econômica e sociologia*, Rio de Janeiro, APEC, 1964.

————. *Ensaios contra a maré*, Rio de Janeiro, APEC, 1969.

————. "O poder legislativo e o desenvolvimento", in Candido Mendes, org., *O Legislativo e a tecnocracia*, Rio de Janeiro, Imago/Candido Mendes, 1975.

Candido, Antônio. "A Revolução de 1930 e a cultura", *Novos Estudos Cebrap* 2, n.4, 1984.

Caporaso, James. "Industrialization in the Periphery", Internacional Studies Quarterly 25, n.3, 1981.

Cardoso, Fernando Henrique. *Autoritarismo e democratização*, Rio de Janeiro, Paz e Terra, 1975.

————. "Partidos e deputados em São Paulo: o voto e a representação política", in Fernando H. Cardoso & Bolivar Lamounier, orgs., *Os partidos e as eleições no Brasil*, Rio de Janeiro, Paz e Terra, 1978.

Cardoso, Miriam Limoeiro. *Ideologia do desenvolvimento: Brasil, JK-JQ*, Rio de Janeiro, Paz e Terra, 1977.

Carner, Stephen. "The Methodology of Marx's Comparative Analysis of Modes of Production", in Ivan Vallier, org., *Comparative Methods in Sociology*, Berkeley, University of California Press, 1971.

Carvalho, Getúlio. *Petrobrás: do monopólio aos contratos de risco*, Rio de Janeiro, Forense Universitária, 1976.

Carvalho, José Murilo de. "Barbacena: a família e uma hipótese", *Revista Brasileira de Estudos Políticos*, n.20, 1966.

————. "Political Elites and State-Building: The Case of the Nineteenth Century Brazil", *Comparative Studies in Society and History* 24, n.3, julho 1982.

Chirot, Daniel. "Neo-Liberal and Social Democratic Theories of Development: The Zeletin-Voinea Debate Concerning Romania's Prospects in the 1920's and Its Contemporary Importance", in Kenneth Jowitt, org., *Social Change in Romania, 1860-1940,* Berkeley, Institute of International Studies, 1978.

Chubb, Judith. "Naples Under the Left: The Limits of Local Change", in S.N. Eisenstadt e R. Lemarchand, orgs., *Political Clientelism, Patronage and Development*, Beverly Hills, Sage, 1981.

————. "The Social Basis of an Urban Political Machine: The DC in Palermo", in S.N. Eisenstadt & R. Lemarchand, orgs., *Political Clientelism, Patronage and Development*, Beverly Hills, 1981.

————. *Patronage, Power and Poverty in Southern Italy,* Cambridge, Cambridge University Press, 1982.

Cintra, Antonio Octávio. "Traditional Brazilian Politics: An Interpretation of Relations Between Center and Periphery", in Neuma Aguiar, org., *The Structure of Brazilian Development,* New Brunswick, Transaction Books, 1979.

Cohen, Youssef. "Popular Support for Authoritarian Governments: Brazil under Medici", Tese de Doutorado, Departamento de Ciência Política, Universidade de Michigan, 1979.

Cohn, Gabriel. *Petróleo e nacionalismo*, São Paulo, Difusão Européia do Livro, 1968.

Collier, David & Ruth Berins Collier. "Early History of the Labor Moviment in Latin America: Social and Economic Context and Contrasting Patterns of Development", Berkeley, mimeo, 1984.

————. "Inducements versus Constraints: Disaggregating Corporatism", *American Political Science Review* 73, n.4, 1979.

Cooke, Morris. *Brazil on the March*, Nova York, MacGraw-Hill, 1944.

Crozier, Michel. *The Bureaucratic Phenomenon*, Chicago, The University of Chicago Press, 1964.

Cunha, Mario Wagner Vieira. *O sistema administrativo brasileiro*, Rio de Janeiro, CBPE/INEP/MEC, 1963.

D'Araújo, Maria Celina Soares. *O segundo Governo Vargas, 1951-1954*, Rio de Janeiro, Zahar, 1982.

Dahrendorf, Ralph. *Life Chances*, Chicago, The University of Chicago Press, 1979.

Daland, Robert. *Brazilian Planning: Development Politics and Administration*, Chapel Hill, The University of North Carolina Press, 1967.

Dalton, George. "Primitive, Archaic, and Modern Economies: Karl Polanyi's Contribution to Economic Anthropology and Comparative Economics", *Essays in Economic Anthropology, Dedicated to the Memory of Karl Polanyi*, Atas do Encontro Anual de 1965 da American Ethnological Society, Washington, University of Washington Press, 1965.

————. *Economic Systems and Society: Capitalism, Communism and the Third World,* Middlesex, Penguin, 1974.

Da Matta, Roberto. *Carnavais, malandros e heróis*, Rio de Janeiro, Zahar, 1979.

DASP. "Visita do Presidente Juscelino Kubitscheck ao DASP", Rio de Janeiro, DASP, Serviço de Documentação, 1959.

Di Palma, Giuseppe. "Italy: Is There a Legacy and Is it Fascist?", in John H. Herz, org., *From Dictatorship to Democracy: Coping with Legacies of Authoritarianism and Totalitarianism*, Westport, Greenwood Press, 1982.

Dias, Everaldo. *História das lutas sociais no Brasil*, São Paulo, Alfa-Ômega, 1977.

Diniz, Eli. *Empresariado, Estado e capitalismo no Brasil*, Rio de Janeiro, Paz e Terra, 1978.

————. *Voto e máquina política: patronagem e clientelismo no Rio de Janeiro*, Rio de Janeiro, Paz e Terra, 1982.

————. "Clientelismo urbano", *Novos Estudos Cebrap* 1, n.4, 1982.

Dogan, Mattei. "Foreword: Political Crisis", *International Political Science Review* 5, n.3, 1984.

Dollinger, Carlos. "Política, política econômica e capital estrangeiro no Brasil: as décadas de 30, 40, 50", *Revista Brasileira de Mercados de Capitais* 3, n.8, 1977.

Dreifuss, René Armand. *A conquista do Estado: ação, política, poder e golpe de classe*, Petrópolis, Vozes, 1981.

Eisenstadt, S.N. & R. Lemarchand, orgs., *Political Clientelism, Patronage and Development*, Beverly Hills, Sage, 1981.

Eisenstadt, S.N. & Luiz Roninger. "Patron-Client Relations as a Model of Structuring Social Exchange", *Comparative Studies in Society and History* 22, n.1, 1980.

Eldridge, J.E.T. *Max Weber: The Interpretation of Social Reality*, Nova York, Schoken Books, 1980.

Erickson, Kenneth Paul. *The Brazilian Corporate State and Working Class Politics*, Berkeley, University of California Press, 1977.

Eshag, Eprime. *Fiscal and Monetary Policies and Problems in Developing Countries,* Londres, Cambridge University Press, 1983.

Fausto, Boris. *A Revolução de 1930: historiografia e história*, São Paulo, Brasiliense, 1970.

Fernandes, Florestan. *Sociedade de classes e subdesenvolvimento*, Rio de Janeiro, Zahar, 1968.

Figueiredo, Marcus. "A política de coação no Brasil pós-64", in Lúcia Klein & Marcus Figueiredo, orgs., *Legitimidade e coação no Brasil pós-64*, Rio de Janeiro, Forense Universitária, 1978.

Fishlow, Albert. "Origins and Consequences of Import Substitution in Brazil", in Luis DiMarco, org., *International Economic Development*, Nova York, Academic Press, 1981.

———. "Foreign Trade Regimes and Economic Development: Brazil", Special Conference Series on Foreign Trade Regimes and Economic Development, 10º National Bureau of Economic Research/USAID, mimeo, 1983.

Fleischer, David. "Thirty Years of Legislative Recruitment in Brazil, 1945-1975". Paper presented to the panel on "Legislative Development," IPSA, 1976.

———. "O pluripartidarismo no Brasil: dimensões sócio-econômicas regionais do recrutamento legislativo, 1946-1967", *Revista de Ciência Política* 24, n.1, 1981.

Forman, Shepard. *The Brazilian Peasantry*, Nova York, Columbia University Press, 1975.

Galvêas, Ernani. "Nacionalismo e desenvolvimento econômico", *Revista Econômica Brasileira* 5, n.3/4, 1959.

Garcia, Sérgio Zermeno. "Estado, classe y masas", *Revista Mexicana de Sociologia* XL, n.4, 1978.

Geertz, Clifford. *The Social History of an Indonesian Town*, Cambridge, The MIT Press, 1965.

Gellner, Ernst & J. Waterbury. *Patrons and Clients in Mediterranean Societies*, Londres, Duckworth, 1977.

Gerschenkron, Alexander, *Economic Backwardness in Historical Perspective*, Cambridge, Harvard University Press, 1962.

Giddens, Anthony. *The Class Structure of Advanced Societies*. Nova York, Harper Tourbooks, 1975.

Goffman, Erving. *Frame Analysis*, Nova York, Harper & Row, 1974.

Gomes, Angela M.C. "A representação de classes na Constituinte de 1934", in Angela M.C. Gomes, org., *Regionalismo e centralização política: partidos e Constituinte nos anos 30*, Rio de Janeiro, Nova Fronteira, 1980.

———. "A construção do homem novo: o trabalhador brasileiro", in Lúcia Lippi de Oliveira, Monica Pimenta Velloso & Angela M.C. Gomes, orgs., *Estado Novo, ideologia e poder*, Rio de Janeiro, Zahar, 1982.

Gordon, Lincoln. "United States Manufacturing Investment in Brazil: The Impact of Brazilian Government Policies", Boston, Graduate School of Business Administration, Harvard, 1962.

Graham, Lawrence. "Civil Service Reform in Brazil: Principles versus Practice", *Latin American Monographs*, n.113, Institute of Latin American Studies, University of Texas, Austin, University of Texas Press, 1968.

Graziano, Luigi. "Introduction", *International Political Science Review* IV, 4, 1983.

———. "A Conceptual Framework for the Study of Clientelism", Western Societies Program, *Occasional Paper* n.2, Ithaca, Center for International Studies, Cornell University, 1975.

———. "Patron-Client Relationships in Southern Italy", in Schmidt, S. et al. orgs., *Friends, Followers, and Factions*, Berkeley, University of California Press, 1977.

Guimarães, Cesar. "Empresariado, tipos de capitalismo e ordem política", *Dados*, n.14, 1977.

Guimarães, Cesar et al. "Expansão do Estado e intermediação de interesses no Brasil", Relatório de Pesquisa, 2 volumes, mimeo, Rio de Janeiro, Iuperj, 1979.

Hewlett, Silvia Ann & Weinert, Richard. *Brazil and Mexico: Patterns in Late Development*, Filadélfia, ISHI, 1982.

Hilton, Stanley. "Vargas and Brazilian Economic Development, 1930-1945: A Reappraisal of His Attitude Toward Industrialization and Planning", *Journal of Economic History*, 35.4, dezembro 1975.

Hirschman, Albert. "The Political Economy of Import Substitution Industrialization in Latin America", *Quarterly Journal of Economics* 82, n.1, 1968.

————. *Journeys Toward Progress*, Nova York, W.W. Norton, 1973.

————. *A Bias for Hope*, New Haven, Yale University Press, 1971.

Ianni, Otávio. *Estado e planejamento no Brasil*, Rio de Janeiro, Civilização Brasileira, 1977.

Ionescu, Ghita. "Patronage under Communism", in Ernest Gellner & John Waterbury, orgs., *Patrons and Clients in Mediterranean Societies*, Londres, Duckworth, 1977.

Jaguaribe, Hélio. "Política de clientela e política ideológica", *Digesto Econômico* 6, n.68, 1950.

————. *Desenvolvimento econômico e desenvolvimento político*, Rio de Janeiro, Fundo de Cultura, 1962.

————. *O nacionalismo na atualidade brasileira*, Rio de Janeiro, Instituto Superior de Estudos Brasileiros, 1958.

————. "As eleições de 62", *Tempo Brasileiro*, n.2, 1962.

Jessop, Bob. "Corporatism, Parliamentarism and Social Democracy", in G. Lehmbruch e P. Schmitter, orgs., *Trends Toward Corporatist Intermediation*, Beverly Hills, Sage, 1971.

Jowitt, Kenneth, org., "Social Change in Romania, 1860-1940", Berkeley, *Research Series* n.36, Institute of International Studies, University of California,1978.

————. "The Leninist Response to National Dependency", Berkeley, *Research Series* n.37, Institute of International Studies, University of California, 1978.

Karl, Terry. "Petroleum and Political Pacts: The Transition to Democracy in Venezuela", Washington, *The Wilson Center Occasional Papers*, 1982.

Katznelson, Ira. *City Trenches: Urban Politics and the Patterning of Class in the United States*, Nova York, Pantheon Books, 1981.

Katznelson, Ira & Mark Kesselman. *The Politics of Power*, Nova York, Harcourt Brace Javanovitch, 1975.

Kaufman, Robert R. "Corporatism, Clientelism and Partisan Conflict: A Study of Seven Latin American Countries", in James Maloy, org., *Authoritarianism and Corporatism in Latin America*, Pittsburgh, University of Pittsburgh Press, 1977.

————. "The Patron-Client Concept and Macro-Politics: Prospects and Problems". *Comparative Studies in Society and History* 16, n.3, 1974.

————. "Trends and Priorities for Political Science Research on Latin America", trabalho apresentado no Workshop on Trends and Priorities for Research on Latin America in the 1980's, Washington, The Wilson Center, 1-2, maio 1981.

Kinzo, Maria D'Alva Gil. *Representação política e sistema eleitoral no Brasil*, São Paulo, Símbolo, 1980.

Kubitschek, Juscelino. *A marcha do amanhecer*, São Paulo, Bestseller, 1962.

Lacerda, Carlos. *Depoimento*, Rio de Janeiro, Nova Fronteira, 1977.

Lafer, Celso. *O sistema político brasileiro*, São Paulo, Perspectiva, 1975.

————. "The Planning Process and the Political System in Brazil: A Study of Kubitschek's Target Plan, 1956-1961", Tese de Doutorado, Cornell University, 1970.

————. "O planejamento no Brasil: observações sobre o Plano de Metas, 1956-1961", in Betty Mindlin Lafer, org., *Planejamento no Brasil*, São Paulo, Perspectiva, 1973.

Lago, Pedro Aranha Correa. "A SUMOC como embrião do Banco Central: sua influência na condução da política econômica, 1945-1965", Dissertação de Mestrado, Departamento de Economia, PUC/RJ.

Lamounier, Bolivar & Maria D. Kinzo. "Partidos políticos, representação e processo eleitoral no Brasil, 1945-1978", *Dados*, n.19, 1978.

————. "Ideology and Authoritarian Regimes: Theoretical Perspectives and Study of the Brazilian Case", Tese de Doutorado, Department of Political Science, UCLA.

Landau, Martin. "Redundancy, Rationality and the Problem of Duplication and Overlap", *Public Administrative Review*, 29, julho/agosto 1969.

Landau, Martin & Eva Eagle. "On the Concept of Decentralization", *Project on Managing Decentralization,* Berkeley, University of California, mimeo, 1981.

Langer, William. *Political and Social Upheaval: 1832-1852*, Nova York, Harper & Row, 1963.

Lawrence, Graham S. "The Clash Between Formalism and Reality in the Brazilian Civil Service", Tese de Doutorado, Ann Arbor, University Microfilms International, 1965.

Leal, Vitor Nunes, *Coronelismo, enxada e voto*, São Paulo, Alfa-Ômega, 1975.

Leeds, Anthony & Elizabeth Leeds. *A sociologia do Brasil urbano*, Rio de Janeiro, Zahar, 1980.

Leff, Nathaniel. *Underdevelopment and Development in Brazil*, Londres, George Allen & Unwin, 2 vols., 1982.

————. *Economic Policy-Making and Development in Brazil*, Nova York, John Wiley & Sons, 1968.

Lemarchand, R. "Political Clientelism and Ethnicity in Tropical Africa: Competing Solidarities and Nation-Building", in S. Schmidt et al., orgs., *Friends, Followers, and Factions*, Berkeley, University of California Press, 1977.

Lembruch, Gerhard & Hayward, orgs., "Interest Intermediation: Toward New Corporatism(s)", *International Political Science Review* 4, n.2, 1983.

Lessa, Carlos. "Quinze anos de política econômica", *Cadernos do Instituto de Filosofia e Ciências Humanas*, Unicamp, 1975.

Lima Jr., Olavo Brasil. "Electoral Participation in Brazil: 1945-1978: The Legislation, the Party Systems and Electoral Turnouts", *Luso-Brazilian Review*, XX, n.1, 1983.

Lippi de Oliveira, Lúcia. "Partidos políticos brasileiros: o Partido Social Democrático", Dissertação de Mestrado, Rio de Janeiro, Iuperj, 1973.

Lowenstein, Karl. *Brazil under Vargas*, Nova York, Macmillan, 1942.

Macfarlane, Alan. *The Origins of English Individualism*, Nova York, Cambridge University Press, 1978.

Malan, Pedro S. et. al. *Política ecômica externa e industrialização no Brasil, 1939-1952,* Rio de Janeiro, IPEA, 1977.

————. "Crescimento econômico, industrialização e balanço de pagamentos: o Brasil dos anos 70 aos anos 80," Friburgo/Stanford-Berkeley, Joint Center for Latin American Studies, Iuperj, 1983, in Lumes Winth e Bogenschild.

Malloy, James M., org., *Authoritarianism and Corporatism in Latin America*, Pittsburgh, University of Pittsburgh Press, 1977.

Maranhão, Ricardo. *O governo Juscelino Kubitschek*, São Paulo, Brasiliense, 1981.

Martins, Heloisa H.T. de Souza, *O Estado e a burocratização do sindicato no Brasil*, São Paulo, Hucitec, 1979.

Martins, Luciano. "A expansão recente do Estado no Brasil: seus problemas e seus atores", Relatório de Pesquisa, Rio de Janeiro, Iuperj, mimeo, 1977.

————. *Pouvoir et développement economique: formation et evolution des structures politiques au Brésil*, Paris, Anthropos, 1976.

————. *Industrialização, burguesia nacional e desenvolvimento*, Rio de Janeiro, Saga, 1968.

Mayeama, Takashi. "Culture and Value System in Brazil: A Preliminary Report", *Latin American Studies*, n.6, The University of Tsukuba, Japão.

McConnell, Grant. *Private Power and American Democracy*, Nova York, Knopf, 1966.

Mello, João Manoel Cardoso. *O capitalismo tardio*, São Paulo, Brasiliense, 1982.

Mendes, Candido. "O Congresso brasileiro pós-64: um Legislativo para a tecnocracia?", in Candido Mendes, org., *O Legislativo e a tecnocracia*, Rio de Janeiro, Imago/Conjunto Universitário Candido Mendes, 1975.

Miceli, Sérgio. *Intelectuais e classe dirigente no Brasil*, 1920-1945, São Paulo, Difel, 1979.

Motta, Paulo Roberto. "O grupo executivo como instrumento administrativo de implementação econômica", *Monografia*, n.19, Rio de Janeiro, FGV/EIAP, 1968.

Mouzelis, Nicos. "Regime Instability and the State in Peripheral Capitalism: A General Theory and a Case Study of Greece", *Latin American Program Working Papers*, n.79, Washington, DC, The Wilson Center, 1980.

Nunes, Edson. "Quem representa o carioca?", *Dados*, n. 16, 1977.

————. "Legislativo, política e recrutamento de elites no Brasil", *Dados*, n.17, 1978.

Nunes, Edson & Barbara Geddes. "Dilemmas of State-Led Modernization", Trabalho apresentado na Conferência: "Opportunities and Constraints in Peripheral Industrial Societies: The Case of Brazil", Berkeley-Stanford Joint Center for Latin American Studies, 1984, in Lumes Winth e Bogenschild.

Oliveira, Lúcia Lippi de. "Partidos políticos brasileiros: o Partido Social Democrático". Dissertação de Mestrado, Rio de Janeiro, Iuperj, 1973.

Oliveira, Maria Lúcia. "A tendência à centralização e o fenômeno do autoritarismo", *Dados*, n.18, 1978.

Oliven, Ruben George. *Urbanização e mudança social no Brasil*, Petrópolis, Vozes, 1982.

Ozbudun, Ergun. "Turkey: The Politics of Clientelism", in S.N. Eisenstadt & L. Lemarchand, orgs., *Political Clientelism, Patronage and Development*, Beverly Hills, Sage, 1981.

Pang, Eul-Soo. "Coronelismo in Northeast Brazil", in Robert Kern, org., *The Caciques*, Albuquerque, University of New Mexico Press, 1973.

Pechman, Sergio. "A construção da solidariedade: as Associações de Moradores de classe média e alta no Rio de Janeiro (1976-1982)", Dissertação de Mestrado, Rio de Janeiro, Iuperj, 1983.

Peixoto, Antônio Carlos. "Le Clube Militar et les affrontements au sein des Forces Armées, 1945-1964", in Alain Rouquie, org., *Les partes militaires au Brésil*, Paris, Presses de La Fondation Nationale de Sciences Politiques, 1980.

Peláez, Carlos Manoel. *História da industrialização brasileira: crítica à teoria estruturalista no Brasil*, Rio de Janeiro, APEC, 1972.

Perrow, Charles. *Complex Organizations*, Glenview, Scott, Foresman & Company, 2ª ed., 1979.

Pinto, Magalhães. "Relatório político do presidente Magalhães Pinto", Convenção Nacional da UDN, 1960.

Pinto, Rogério Feital. "The Political Ecology of the Brazilian National Bank for Development (BNDE)", Washington, OEA, Department of Economic Affairs, 1969.

Polanyi, Karl. *The Great Transformation*, Boston, Beacon Press, 1957.

Popkin, Samuel L. *The Rational Peasant*, Berkeley, University of California Press, 1979.

Powell, John Duncan. "Peasant Society and Clientelist Politics", in S. Schmidt, J. Scott, C. Lande e L. Guasti, orgs., *Friends, Followers, and Factions*, Berkeley, University of California Press, 1977.

Purcell, Susan Kaufman. "Mexico: Clientelism, Corporatism, and Political Stability", in S.N. Eisenstadt & L. Lemarchand, orgs., *Political Clientelism, Patronage and Development*, Beverly Hills, Sage, 1981.

Reale, Miguel. "O sistema de representação proporcional e o regime presidencial brasileiro", RBEP, 7, 1959.

Riggs, Fred. *Administration in Developing Countries: The Theory of Prismatic Society*, Boston, Houghton Mifflin, 1964.

Rodrigues, Leôncio Martins. "O sindicalismo corporativo no Brasil: persistência e mudança", *Trabalho e Cultura no Brasil*, n.1, CNPq/Anpocs, 1981.

Rosen, Bernard. *The Industrial Connection: Achievement and the Family in Developing Societies*, Nova York, Aldine, 1982.

Santos, Wanderley Guilherme dos. *Ordem burguesa e liberalismo político*, São Paulo, Duas Cidades, 1978.

————. *Cidadania e justiça*, Rio de Janeiro, Campus, 1979.

————. "The Calculus of Conflict: Impasse in Brazilian Politics and the Crisis of 1964", Tese de Doutorado, Stanford University, 1979.

————. "Centralização burocrática e renovação de elites", Convênio Semor/Iuperj, Rio de Janeiro, Iuperj, 1979.

Santos, W.G., M. Figueiredo e Edson Nunes. "Arquivo Elite Política Brasileira: descrição e avaliação", Rio de Janeiro, Iuperj, mimeo, 1980.

Santos, Wanderley Guilherme dos. "Explorações sobre a tecnocracia federal brasileira", *Revista do Servidor Público*, ano 39, vol.110, jan./mar., 1982.

Sayari, Sabri. "Political Patronage in Turkey", in Ernest Gellner & John Waterbury, orgs., *Patrons and Clients in Mediterranean Societies*, Londres, Duckworth, 1977.

Schmitter, Phillipe. "Still the Century of Corporatism?", in G. Lehmbruch e P. Schmitter, orgs., *Trends Toward Corporatist Intermediation*, Beverly Hills, Sage, 1971.

Schwartzman, Simon. *Bases do autoritarismo brasileiro*, Rio de Janeiro, Campus, 1982.

Schwartzman, Simon, org., *O Estado Novo: um auto-retrato*, Brasília, EDUNB, 1983.

————. *Tempos Capanema*, São Paulo, Edusp, 1984.

————. "High Technology *vs.* Self Reliance: Brazil Enters the Computer Age", *Serie Estudos*, Iuperj, n.36, maio de 1985.

Schwarz, Roberto. *Ao vencedor as batatas*, São Paulo, Duas Cidades, 1977.

Scott, Richard M. *Organizations: Rational, Natural and Open Systems*, New Jersey, Prentice-Hall, 1981.

Selznick. "Institucional Vulnerability in Mass Society", *American Journal of Sociology*, 56, jan. 1951.

Shefter, Martin. "Patronage and Its Opponents: A Theory and Some European Cases", Conferência The Scope of Social Sciences History, University of Wisconsin, Madison, mimeo, abril 1976.

Silva, Vera Alice C. "Os técnicos no governo Vargas, 1951-1954: desenvolvimento e nacionalismo", Departamento de Ciência Política, UFMG, mimeo, s/d.

Shonfield, Andrew. *Modern Capitalism*, Nova York, Oxford University Press, 1978.

Siegel, Gilbert. "Administration, Values and the Merit System in Brazil", in Robert Daland, org., "Perspectives of Brazilian Public Administration, vol.I", *The Comparative Series on Brazilian Public Administration*, Los Angeles, University of Southern California e FGV/EBAP, 1963.

————. "The Vicissitudes of Governmental Reform in Brazil: A Study of DASP", Tese de Doutorado, Department of Political Science, University of Pittsburg, 1964.

Silva, Vera Alice Cardoso. "Os técnicos no governo Vargas, 1951-1954: desenvolvimento e nacionalismo", Departamento de Ciência Política, UFMG, s/d.

Singer, Paul & Vinicius Brandt, orgs., *São Paulo: o povo em movimento*, Petrópolis, Vozes, 1980.

Skidmore, Thomas. *Brasil: De Getúlio a Castelo*, Rio de Janeiro, Saga, 1969.

Soares, Gláucio Ary Dillon. "As bases ideológicas do lacerdismo", *Revista Civilização Brasileira* 1, n.4, setembro 1965.

————. *Sociedade e política no Brasil: desenvolvimento, classe e política durante a Segunda República*, São Paulo, Difel, 1973.

Sola, Lourdes. "The Political and Ideological Constraints to Economic Management in Brazil, 1945-1963", Tese de Doutorado, Somerville College, Oxford University, 1982.

Sorj, Bila. "O processo de trabalho como dominação", *Dados*, vol.24, n.3, 1981.

Souza, Maria do Carmo Campelo. *Estado e partidos políticos no Brasil, 1930-1964*, São Paulo, Alfa-Ômega, 1976.

Stepan, Alfred. *The Military in Politics: Changing Patterns in Brazil*, Princeton, Princeton University Press, 1974.

————. *The State and Society: Peruvian Comparative Perspective*, Princeton, Princeton University Press, 1978.

Stinchcombe, Arthur. *Theoretical Methods in Social History*, Nova York, Academic Press, 1978.

————. *Economic Sociology*, Nova York, Academic Press, 1983.

————. *Constructing Social Theories*, Nova York, Hartcourt, Brace & World, 1968.

Suzigan, Wilson. "Industrialização e política econômica: uma interpretação em perspectiva histórica", *Pesquisa e Planejamento Econômico* 5, n.2, 1975.

Tarkowski, Jacek. "Poland: Patrons and Clients in a Planned Economy", in S.N. Eisenstadt & L. Lemarchand, orgs., *Political Clientelism, Patronage and Development*, Beverly Hills, Sage, 1981.

Tarrow, Sidney. "The Italian Party System Between Crisis and Transition", *American Journal of Political Science* XXI, n.2, maio 1977.

Tavares, José Antônio. *A estrutura do autoritarismo brasileiro*, Porto Alegre, Mercado Aberto, 1982.

Telles, Jover. *O movimento sindical no Brasil*, São Paulo, Ciências Humanas, 1981.

Thompson, James D. *Organization in Action: Social Science Bases of Administrative Theory*, Nova York, Mc Graw-Hill, 1967.

Tilly, Charles, org., *The Formation of National States in Europe*, Princeton, Princeton University Press, 1975.

Toledo, Caio Navarro. ISEB: *fábrica de ideologias*, São Paulo, Ática, 1977.

Valadão de Carvalho, Maria Izabel. "Conflito e consenso no Legislativo", in Candido Mendes, org., *O Legislativo e a tecnocracia*, Rio de Janeiro, Imago/Candido Mendes, 1975.

Vargas, Getúlio, *Mensagem ao Congresso*, Rio de Janeiro, Imprensa Nacional, 1954.

Velasco e Cruz, Sebastião. "Expansão do Estado e intermediação de interesses no Brasil", Convênio Semor/Iuperj, Rio de Janeiro, Iuperj, 1979.

Velho, Otávio. *Capitalismo autoritário e campesinato*, São Paulo, Difel, 1976.

Velloso, Monica Pimenta. "O mito da originalidade brasileira", Dissertação de Mestrado, Rio de Janeiro, Departamento de Filosofia, PUC/RJ, 1983.

Venâncio Filho, Alberto. *A intervenção do Estado no domínio econômico*, Rio de Janeiro, FGV, 1968.

Vianna, Maria Lúcia W. & Salinas, Júlio. "Ação coletiva e participação política do pequeno e médio empresário", *Dados* 25, n.1, 1982.

Vieira, C., Costa, F. & Barbosa, L. "O jeitinho brasileiro como um recurso de poder", *Revista Brasileira de Administração Pública* 16, abril-junho, 1982.

Villela, Anibal & Suzigan, Wilson. "Política de governo e crescimento da economia brasileira, 1889-1945", *Monografia* n.10, Rio de Janeiro, IPEA, 1973.

Wallerstein, Michael. "The Collapse of democracy in Brazil: Its Economics Determinants", *Latin American Research Review* XV, n.3, 1980.

Warlich, Beatriz. "Controle político das empresas estatais no Brasil — Uma contribuição ao seu estudo", *Revista de Administração Pública* 14, n.2, 1980.

Warner, Stephen. "The Methodology of Marx's Comparative Analysis of Modes of Production", in Ivan Vallier, org., *Comparative Methods in Sociology*, Berkeley, University of California Press, 1973, p.58.

Waterbury, John. "An Attempt to Put Patrons and Clients in their Place", in E. Gellner & John Waterbury, orgs., *Patrons and Clients in Mediterranean Societies*, Londres, Duckworth, 1977.

Weber, Max. *The Methodology of the Social Sciences*, Nova York, The Free Press, 1949.

———. *The Protestant Ethic and the Spirit of Capitalism*, Nova York, Charles Scribners Sons, 1958.

————. "Class, Status, and Party", in Gerth & Mills, *From Max Weber*, Nova York, Oxford University Press, 1976.

Weffort, Francisco. *Sindicatos e política,* São Paulo, Universidade de São Paulo, s/d.

————. *Classes populares e política.* Faculdade de Filosofia, Ciências e Letras, USP, mimeo, 1968.

————. "Participação e conflito industrial: Contagem e Osasco, 1968", *Cadernos Cebrap,* n.5, 1972.

Wesson, Robert & Fleischer, David. *Brazil in Transition*, Nova York, Praeger, 1983.

Wiarda, Howard J. "Por uma teoria não-etnocêntrica do desenvolvimento: as concepções alternativas do Terceiro Mundo", *Dados* 25, n.2, 1982.

Willerton Jr., P. John, "Clientelism in the Soviet Union: An Initial Examination", *Studies in Comparative Communism*, vol.XII, n. 2 e 3, 1979.

Winkler, J.T. "Corporatism", *Archives Européenes de Sociologie* XVII, n.1, 1976.

Wirth, J., Lumes, E., Bogenschild, T. "State and Society in Brazil: Continuity and Change", Westview Press, Baulden, Colorado, 1975.

Zuckerman, Alan. "Clientelist Politics in Italy", in Ernest Gellner & John Waterbury, orgs., *Patrons and Clients*, Londres, Duckworth, 1977.